Stefan Marquards

KÜCHENLATEIN

Stefan Marquards

KÜCHENLATEIN

Kulinarisches Know-how und Tipps vom Profikoch

In Zusammenarbeit
mit Marion Trutter

vgs EGMONT

Originalausgabe

verlegt durch EGMONT Verlagsgesellschaften mbH,
Gertrudenstraße 30-36, 50667 Köln

1. Auflage
Redaktion: Gabriele Kalmbach
Produktion: Simone Nauerth
Umschlagfotos: © Finepic, München - www.finepic.de - Helmut Henkensiefken
Umschlaggestaltung: ZERO Werbeagentur, München
Layout & Satz: Angela May Grafikdesign & Buchgestaltung, Mettmann
Druck: CPI - Clausen & Bosse, Leck
ISBN 978-3-8025-3702-8

www.vgs.de

Inhalt

A

Aal Wie eine Wasserschlange sieht dieser Fisch aus, dennoch schwärmen Feinschmecker von dem fettreichen Gesellen in den höchsten Tönen. Vor allem Aal grün hat es ihnen angetan, und da diese Delikatesse auf Speisekarten kaum noch zu finden ist, muss man sie selbst zubereiten. Grün macht den enthäuteten und in Stücke geschnittenen Fisch eine helle Kräutersauce mit viel Dill und Petersilie. Durch den hohen Fettgehalt eignet sich der Aal gut zum Räuchern, ist aber auch als Bratfisch und für eine feine Aalsuppe beliebt. Eine teure Delikatesse in Nordspanien sind mit Knoblauch und Chili gebratene Glasaale (Angulas), die nur streichholzlangen Jungaale. Und die Japaner lieben Aal als Unagi, für das der Fisch in süßlicher Teriyaki-Sauce (→ Sojasauce) gebraten und manchmal auch noch geräuchert wird. Sehr beliebt als Auflage für Sushi.

Was bedeutet „al dente"?

Bissfest
Nicht zu weich
Mit hartem Kern
Nicht klebrige Nudel

Agar-Agar Dieses rein pflanzliche Geliermittel bekommt man vor allem im Naturkostladen. Agar-Agar wird aus gebleichten Rotalgen gewonnen, in Pulverform verkauft und hat eine sehr hohe Gelierkraft. Beliebt ist das vegane und völlig geschmacksneutrale Geliermittel vor allem bei Menschen, die gern auf die tierische → Gelatine verzichten. Ein gestrichener Teelöffel entspricht etwa sechs Blatt Gelatine. Außer für Süßspeisen wie Konfitüren, Fruchtgelees und Speiseeis eignet sich Agar-Agar auch für Gemüsesülzen und zum Andicken von Suppen.

Ahornsirup Wer schon mal in den USA oder Kanada war, hat sicherlich zum Frühstück Pancakes mit Ahornsirup gegessen. Der gold- bis dunkelbraune und sehr süße Sirup wird aus dem Saft des Zuckerahorns hergestellt. Er ist ein guter Ersatz für Honig, schmeckt aber würziger mit einer Karamell- oder Malznote. Ahornsirup passt wunderbar zu Pfannkuchen, Waffeln, Eiscreme, als Brotaufstrich und kann in vielen Süß- und Backwaren den Zucker ersetzen.

Algen Es gibt weltweit Tausende Algenarten, und viele von ihnen sind wegen ihres hohen Gehalts an Eiweiß und Mineralstoffen ausgesprochen gesund. Dennoch werden sie in der mitteleuropäischen Küche noch wenig geschätzt - wohl wegen des ein wenig gewöhnungsbedürftigen Geschmacks nach Meer und Grün. Allerdings haben wohl alle Sushi-Freunde schon mal Algen gegessen: Mit den getrockneten Blättern der Nori-Alge werden die Maki-Röllchen eingewickelt; außerdem ist Nori auch in japanischen Gewürzmischungen zu finden. Die japanischen Braunalgenarten Kombu (Seekohl), Arame und Wakame nutzt man zum Aromatisieren von Suppen und Reis. An der französischen Bretagneküste wird die Rotalgenart Dulse kultiviert. Sie hat eine leichte Schärfe und wird für Salate, Suppen und als Gemüse verwendet. Der sogenannte „Meeressalat“ (Laitue de mer) wird in Frankreich frisch zubereitet, bei uns kann man ihn in Flockenform kaufen, einweichen und Suppen, Salaten oder Fischgerichten beifügen. Außerdem nutzt man Algen für die Herstellung von Geliermitteln wie → Agar-Agar.

Amaranth Bei den Azteken gehörten die klitzekleinen Samen eines Fuchsschwanzgewächses zu den Grundnahrungsmitteln, das wie Getreide benutzt wurde. Amaranth erlebt heutzutage in Müslis, Gebäck und Brot sein Comeback. Man kann ihn auch mit Wasser oder Brühe aufkochen, ausquellen lassen und als Beilage servieren. Neben den Samen nutzt man auch die Blätter, die wie Spinat zubereitet werden. Amaranth hat einen hohen Nährwert durch Kohlenhydrate und viel hochwertiges Eiweiß, jedoch kein Gluten - ideal also für Vegetarier und Menschen mit Gluten-Unverträglichkeit.

Ananas Botanisch gesehen ist die Ananas eine Scheinfrucht aus vielen miteinander verwachsenen Beeren. Qualitativ hochwertige, an der Staude gereifte Früchte kommen per Luftfracht nach Europa und sind nicht nur pur oder mit Schlagsahne beliebt, sondern auch im Obstsalat oder gegrillt als Beilage zu Fisch oder Fleisch. Große Ananas haben einen verholzten Strunk, den man entfernen muss, kleine Baby-Ananas lassen sich komplett verarbeiten.

Anchovi → Sardelle

Anis Diese Pflanze heißt auch Süßer Kümmel und dient traditionell vor allem als Brotgewürz. Verwendet werden die Samen, die einen süß-würzigen Geschmack haben und außer Gebäck auch Tees, Süßspeisen, Saucen, Suppen, Salate sowie Gemüse-, Fisch- und Fleischgerichte markant aromatisieren. Je nach Verwendung gibt man die ganzen oder im Mörser zerstoßenen Samen an die Speisen. Große Mengen Anis werden zu Schnaps und Likör verarbeitet.

Apfel In der Hitliste der beliebtesten Kuchen steht der Apfelkuchen an erster Stelle. Der säuerlich-fruchtige Cox Orange schmeckt als Belag auf Kuchenteig und im Rührteig. Der mürbe Boskop, auch der klassische Apfel für Apfelmus und -kompott, eignet sich dagegen besser für Füllungen und Pies. Roher Apfel gibt Matjesfilet sowie Salaten aus Karotten oder Roter Bete eine angenehm säuerliche Note. Zur Leber Berliner Art gehören neben Röstzwiebeln auch geschmorte Äpfel.

Apfelsine → Orange

Aprikose Aprikosen sollten möglichst lange am Baum bleiben, damit sie reif, weich und aromatisch sind. Sie eignen sich mit ihrem fruchtig-süßen Aroma nicht nur für Marmeladen, Kuchen und Desserts; als Trockenfrüchte passen sie sogar zu geschmorten Fleischgerichten, etwa in einen Lammtopf mit

Bei welchem Volk gehörte das hirseähnliche Amaranth zu den Grundnahrungsmitteln?

Bei den Römern
Bei den Azteken
Bei den Normannen
Bei den Maori

Burgundersauce. Die Österreicher nennen die hellorangefarbenen Früchtchen liebevoll Marillen und machen damit leckere Quarkknödel, Liköre und Schnäpse.

Arganöl Wegen seines ausgesprochen feinen Aromas ist das Öl der Argannuss in den letzten Jahren zu einer regelrechten Modeerscheinung geworden. Es wird aus den gerösteten Samen eines in Marokko heimischen Halbwüstenbaumes gepresst und hat eine ausgewogene Mischung aus gesättigten, einfach ungesättigten Fettsäuren und mehrfach ungesättigten Fettsäuren. Schon wenige Tropfen nach dem Kochen verleihen Pasta-, Fisch- oder Fleischgerichten sowie Salaten, Saucen und Dips eine besondere Note. Da Arganöl sehr edel und teuer ist, wird es meist in 0,1-Liter-Fläschchen verkauft.

Artischocke Dieses edle Gemüse ist der Blütenkopf einer nordafrikanischen Distelart. Essbar sind bei den meisten Sorten nur die fleischigen unteren Abschnitte der Schuppenblätter und die Blütenböden, die so genannten Artischockenherzen. Ganz kleine Sorten kann man ganz verzehren. Der Bitterstoff Cynarin sorgt für den leicht bitteren Geschmack und regt Appetit und Verdauung an. Deshalb sind eingelegte Artischocken beliebt als Antipasto. In Italien liebt man die „Königin der Gemüse" auch in Pastagerichten, auf der Pizza oder als Beilage zu Fleisch. Als Vorspeise kocht man sie in Salzwasser mit Zitrone und serviert sie mit einer Vinaigrette.

Aubergine Im Rohzustand ist dieses Nachtschattengewächs, das man auch Eierfrucht nennt, ungenießbar. Am besten schmecken Auberginen gebraten oder gegrillt. Vor der Zubereitung werden sie in Scheiben oder Würfel geschnitten, mit Salz bestreut und später gut ausgedrückt; auf diese Weise saugen sie beim Braten weniger Fett auf. Sie harmonieren gut mit anderen mediterranen Gemüsen wie Zucchini, Tomaten, Paprika und Knoblauch (etwa im provenzalischen Eintopf Ratatouille) sowie mit Schafskäse und eignen sich auch sehr gut zum Füllen - ob mit Hackfleisch, Reis oder Gemüse. Aus gegrillten Auberginen wird im Vorderen Orient mit Sesampaste (Tahin), Olivenöl und Gewürzen ein leckeres Mus hergestellt.

Auster Die einen gehen meilenweit für ein Dutzend Austern, die anderen schüttelt es beim Anblick dieser edlen Schalentiere. Der Grund: Austern werden fast immer roh, um genau zu sein sogar lebend verzehrt. Auf dem Markt hat man meist die Wahl zwischen Pazifischer, Amerikanischer und Portugiesischer Auster. Aus deutschen Landen stammt die Zuchtsorte Sylter Royal. Generell sind wilde Austern aromatischer als Zuchtaustern, und kleine Sorten aus kühlen Gewässern haben mehr Geschmack als große, etwa aus dem Pazifik. Die größte Auswahl verschiedener Sorten (darunter die berühmte Fine de Claire) kommt aus Frankreich. Man kauft immer nur fest verschlossene Austern und sollte sie umgehend verbrauchen. Geöffnete Austern unbedingt wegwerfen - Vergiftungsgefahr! Echte Kenner genießen Austern lebend und pur. Manche schwören auch auf etwas frisch gemahlenen Pfeffer und den legendären Spritzer Zitronensaft, bei dem das Tier zusammenzuckt, andere geben nur einen Tropfen Tabasco dazu. Man kann Austern

Was versteckt sich hinter der Abkürzung AOC?

- Age of Cognac
- Advice of Charge
- Appellation d'Origine Contrôlée
- Assimilable Organic Control

aber auch gratinieren, kochen, braten, grillen oder pochieren. Für Austernfans kommt all dies aber einem Sakrileg gleich.

Austernseitling (Austernpilz) Jüngere und kleine Exemplare dieses in Büscheln wachsenden Zuchtpilzes sind zarter als große und ältere Gesellen. Roh sollte man ihn nicht essen, doch eignet er sich hervorragend zum Dünsten, Braten, Frittieren und Grillen. Lecker: Panierte und ausgebackene Austernseitlinge auf Blattsalaten.

Avocado Am besten kauft man diese Tropenfrucht beim Gemüsehändler, denn Billigware glänzt häufig durch Geschmacklosigkeit. Gute Avocados sind innen cremig weich, schmecken mild und eignen sich für feine Avocadocremes – einfach mit Salz, Pfeffer, Zitronensaft und etwas Joghurt oder als mexikanische Guacamole mit Tomate, Knoblauch, Chili und Limettensaft – genauso wie zum Füllen mit Crevettencocktail oder auch als Deko für Salate und kalte Platten. Aufgeschnitten sollte man Avocados immer sofort mit Zitrone oder Essig beträufeln, damit sie nicht braun werden. In manchen Ländern kennt man auch Süßspeisen und süße Shakes mit Avocado.

WO GELTEN AUGÄPFEL ALS DELIKATESSE?

IN INDIEN
IN CHINA
IN JAPAN
IM NAHEN OSTEN

Backpulver In keiner privaten oder professionellen Backstube darf dieses schneeweiße Pulver fehlen. Das beliebte Backtriebmittel wird chemisch hergestellt aus → Natron und anderen Stoffen. Man kauft es in portionsgerechten Päckchen, die jeweils für etwa 500 Gramm Mehl ausreichen und Kuchen und anderes Gebäck im Ofen wunderbar locker aufgehen lassen. Man mischt das Backpulver gut mit dem Mehl, damit es sich gleichmäßig im Teig verteilt. Übrigens werden auch Pfannkuchen mit einer Messerspitze Backpulver schön fluffig.

Bärlauch Das zarte Zwiebelgewächs gedeiht im Frühling wild und wird vor der Blüte geerntet. Die fein geschnittenen Blätter geben Salaten sowie Nudel- und Gemüsegerichten eine zarte Knoblauchnote; sie sollten erst gegen Ende der Garzeit zugegeben werden. Püriert und mit Olivenöl gemischt lässt sich Bärlauch längere Zeit aufbewahren. Dabei sollte immer ein Ölfilm die Paste bedecken. Bärlauch ergibt auch ein feines → Pesto und passt gut in Frischkäse.

Bambussprossen Vor allem in der asiatischen Küche, etwa in Thai-Currys und Wokgerichten, kommen die zarten Schösslinge der Bambuspflanze zum Einsatz. Meist erhält man sie vorgekocht oder als Konserve in Essig. Frische Sprossen müssen unbedingt abgekocht werden, damit sie die in ihnen enthaltene Blausäureverbindung verlieren.

Banane Offiziell wird immer noch über die richtige Größe und Krümmung dieser Tropenfrucht gestritten, doch wer nicht nur eine nahrhafte Zwischenmahlzeit, sondern echten Genuss sucht, der greift eben gerade zu den kleinen fleckigen Sorten. Diese haben meist ein fantastisches Aroma, das die sogenannten Dollarbananen nicht bieten können. Bananen sind roh ein schneller Energie- und Mineralienlieferant, bringen Zucker in Müslis und Milchspeisen, verleihen aber auch indischen Currys eine süß-aromatische Note. Die großen und weniger zuckerhaltigen Kochbananen kommen in subtropischen Ländern gekocht oder gebraten als Beilage auf den Tisch. Kelewele ist ein populärer afrikanischer Imbiss aus frittierten, in Scheiben geschnittenen und gut gewürzten Kochbananen.

Basilikum Mit dem Siegeszug der italienischen Küche erfuhr das aromatische Würzkraut eine Wiedergeburt nördlich der Alpen und gehört heute zu den beliebtesten Küchenkräutern. Basilikum wird für Salate und Kräutersaucen, für die Würzpaste → Pesto, für Krustentiere, Fisch, Fleisch und Geflügel verwendet. Auf guten Märkten findet man nicht nur das leuchtend grüne, schnell wachsende Basilikum, das sich im Topf meist nicht lange hält, sondern auch robustere Sorten mit kleineren Blättern, afrikanisches Basilikum, Zitronenbasilikum oder Thai-Basilikum, das in keinem grünen Thai-Curry fehlen darf. Das Basilikum-Aroma verstärkt sich beim Erhitzen, jedoch sollte man frisches Kraut immer erst am Ende der Kochzeit zufügen, sonst ist das tolle Aroma schnell wieder verflogen.

Batate → Süßkartoffel

Bataviasalat Dieser Salat wurde in Frankreich als Kreuzung zwischen → Kopfsalat und → Eisbergsalat gezüchtet und schmeckt auch wie eine Mischung der beiden. Er hat einen geöffneten Kopf und relativ feste, leicht gekräuselte Blätter, die grün bis rötlich gefärbt sind und somit auf Salatplatten eine dekorative Wirkung haben. Verwendet wird er wie Kopfsalat.

Beifuß Damit ein fettes Essen Genuss ist und bleibt, würzt man Schweine-, Gänse- und Entenbraten sowie andere schwer verdauliche Speisen gern mit Beifuß, denn dieser regt intensiv die Verdauung an. Verwendet werden von der aromatischen Pflanze vor allem die Blüten, die meist getrocknet verkauft werden.

Birne Der ideale Zeitraum ist kurz: Irgendwo zwischen zu grün und zu weich schmeckt dieses Kernobst am besten und besticht dann durch unvergleichliche Süße und Aroma. Bekannteste Vertreterin ist die Williamsbirne, die auch

WAS SIND BALLASTSTOFFE IN LEBENSMITTELN?

UNNÖTIGE BESTANDTEILE
BALLFÖRMIGE EIWEISSE
FETTHALTIGE STOFFE
UNVERDAULICHE PFLANZENTEILE

Welches Biermischgetränk gibt es wirklich?

Benzin
Super
Super Plus
Diesel

zu Edel-Obstbranntwein destilliert wird. Birnen bereichern nicht nur die verschiedensten Kuchen, Gebäcke und Süßspeisen, sie harmonieren auch ideal mit Wild und werden zum Wildbret gern halbiert, geschmort und dann mit Preiselbeermarmelade gefüllt. Im Rucola-Salat kommen sie mit Walnüssen, Walnussöl und Honig-Senf-Dressing besonders gut zur Geltung. Als Kletzen bezeichnet man getrocknete Birnen.

Blätterteig Diese Teigart, die ohne Hefe zubereitet wird, umhüllt nicht nur Gebäck sondern auch würzige Pasteten, Schafskäse oder Pilze. Blätterteig kann selbst geknetet werden und muss dann mit Butter immer wieder in mehreren Schichten sehr dünn ausgerollt werden. Arbeitssparend ist tiefgekühlter Teig, der meist in rechteckigen Platten von ungefähr 10 x 20 cm Länge erhältlich ist.

Blaubeere → Heidelbeere

Blauschimmelkäse Ob Gorgonzola, Roquefort oder Bavaria blu: Ihr würziges Aroma erhalten alle Blauschimmelkäse durch spezielle Schimmelkulturen, die ihnen vor dem Reifeprozess eingeimpft werden. Diese sind gänzlich ungefährlich und verstärken den Geschmack mit zunehmener Reife. Blauschimmelkäse sind meist angenehm cremig und schmecken nicht nur zum Brot, sondern auch als Füllung für Kalbfleischröllchen, in Saucen zu Fleisch, Gemüse oder Pasta, auf Pizza und Quiche sowie als Dessert mit einem Glas Süßwein. Anders als die meisten Blauschimmelkäse wird Roquefort übrigens aus Schafmilch hergestellt, der spanische Cabrales ist ein Dreimilchkäse aus Kuh-, Schaf- und Ziegenmilch.

Blumenkohl Der weiße bis elfenbeinfarbene Kohlkopf besteht aus noch nicht voll entwickelten Blüten. Blumenkohl - auch Blütenkohl oder Karfiol genannt - schmeckt roh genauso wie gekocht. Etwas Essig oder Zitronensaft im Kochwasser bewahrt die schöne weiße Farbe und verhindert zu starken Geruch. Zubereitet wird er gern mit zerlassener Butter, Hollandaise oder Béchamelsauce. Er schmeckt in Aufläufen oder als Soufflé, mit Schinken und Käse überbacken oder in einem Bierteig ausgebacken. Als Beilage zu Fleisch kann man ihn mit in Butter geröstetem Paniermehl servieren oder lauwarm als Salat. Und passiert ergibt Blumenkohl auch wunderbare Suppen. Strunk und Blätter sollte man übrigens nicht wegwerfen, sondern den

Strunk klein schneiden und mitkochen und die Blätter kurz vor Ende der Garzeit zufügen. Sie erhalten besonders viele Mineralstoffe.

Bockshornklee Vor allem in indischen Currymischungen und Chutneys findet man die Samen des Bockshornklees, als Pflanze auch Griechisch Heu genannt. Die Samen werden vor dem Mahlen geröstet, schmecken bitter-scharf und können auch als → Sprossen gekeimt werden. Manchmal findet man auch Käse mit Bockshornkleesamen.

Bohnen Grob unterscheidet man bei diesen Hülsenfrüchten zwischen den ganzen Hülsen inklusive Samen (Gemüsebohnen) und den Bohnenkernen, also den Samen der Bohnenpflanze. Gemüsebohnen gibt es in grünen und gelben Varianten, als Busch- oder Stangenbohnen, als lange schlanke Prinzess- oder breite Brechbohnen. Besonders zart sind die gelben Wachs- oder Butterbohnen. Gemüsebohnen sind nach zehn bis 15 Minuten gar und bewahren durch Abschrecken mit Eiswasser ihre Farbe. Sie schmecken als Salat, mit Butter und/oder Speck als Beilage sowie in Gemüseeintöpfen.
Komplizierter wird's bei den Bohnenkernen, von denen es Hunderte Sorten gibt, die meist getrocknet angeboten werden. Sie sind vor allem für Vegetarier wertvolle Eiweißquellen. Klassiker der deutschen Küche sind weiße Bohnen,

Was ist eigentlich Bilimbi?

Ein Gurkenbaum
Ein Rührgerät
Eine Art Kohlrabi
Ein Pürierstab

die sich für Suppen, Eintöpfe und Salate eignen. Dunkelrote Kidneybohnen sind neben Fleisch und Chili eine Hauptzutat in Chili con Carne und passen auch gut in Partysalate. Gekochte und zerstampfte schwarze Bohnen (Frijoles negros) serviert man in Mexiko als Eiweißquelle zu fast jeder Mahlzeit, in Brasilien sind sie Hauptzutat des Nationaleintopfs Feijoada. Rötlich gesprenkelte Pinto- oder Wachtelbohnen eignen sich gut für Bohnenpürees. Als Delikatesse gelten die gesprenkelten italienischen Borlotti-Bohnen sowie die gescheckten österreichischen Käferbohnen, die gern als Salat mit → Kürbiskernöl angemacht werden.
Leichter verdaulich als andere Bohnensorten sind die kleinen dunklen Mungbohnen aus Indien. In Spanien isst man auch die jungen, zartgrünen Bohnenkerne (Pochas), die häufig mit Wachtel oder Rebhuhn kombiniert werden. Getrocknete Bohnenkerne werden vor dem Kochen über Nacht eingeweicht und dann in frischem Wasser gekocht (je nach Sorte und Einweichzeit 30 Minuten bis über zwei Stunden). Alle Bohnensorten sind roh giftig

und dürfen nur gekocht verzehrt werden.

Bohnenkraut Sein Name ist Programm: Bohnenkraut ist das klassische Gewürzkraut zu grünen und dicken Bohnen. Da es die Verdauung unterstützt, passt es auch gut zu fetten Fleischgerichten und Eintöpfen mit Hammelfleisch oder Schweinebauch und ist in manchen Wurstsorten zu finden.

Borretsch Die Pflanze mit den hübschen blauen Blüten wird auch Gurkenkraut, Gurkenkönig oder Liebäuglein genannt. Wie der Name schon sagt, schmeckt das Kraut gut in Gurkensalat. Es aromatisiert Suppen, Kräuterbutter und -quark und ist unverzichtbarer Bestandteil der klassischen Grünen Sauce aus Frankfurt. In Südeuropa kennt man Borretsch auch als mineralstoffreiches Gemüse, das wie Spinat zubereitet wird.

WAS IST „BLAIR'S 16 MILLION RESERVE"?

DAS SCHÄRFSTE GEWÜRZ DER WELT
DAS TEUERSTE GEWÜRZ DER WELT
DAS SÜSSESTE GEWÜRZ DER WELT
DAS SELTENSTE GEWÜRZ DER WELT

Brennnessel Im Frühjahr hat dieses Wildkraut Hochkonjunktur, da es als Tee entwässernd und entgiftend wirken soll. Köche schätzen die jungen Brennnesseltriebe wegen ihres Vitamingehalts und ihres feinsäuerlichen Geschmacks. Sie schmecken roh als Salat und ergeben ein köstliches Gemüse, das sich wie Spinat zubereiten lässt.

Bries Viele Feinschmecker schätzen die Thymusdrüse vom Kalb oder Lamm, die man aber leider nur selten auf Speisekarten findet – am ehesten noch in Bayern. Bries, beim Kalb auch Kalbsmilch genannt, wird vor der Zubereitung einige Stunden gewässert, von Haut, Knorpeln und Gefäßen befreit und dann gekocht, gedünstet, geschmort, gebacken, als Ragout zubereitet oder ganz einfach in Butter gebraten. Das fast weiße Fleisch hat eine außergewöhnlich zarte Konsistenz und einen sehr feinen Geschmack.

Broccoli Man kann Broccoli durchaus roh essen, sein ganzes Aroma entfaltet er aber gekocht – sei es mit einer Béchamelsauce, als Element von Gemüseplatten oder in Wokgerichten. Lecker schmeckt er mit Olivenöl und Pinienkernen zu Pasta sowie in Aufläufen und auf einer Quiche. Da sich die Stängel wie grüner Spargel servieren lassen, wird Broccoli auch Spargelkohl genannt. Beim Kochen haben die Stängel eine etwas längere Garzeit als die Röschen – es sei denn, man schneidet sie ziemlich klein. Übrigens sind auch die Blätter essbar; sie werden gegen Ende der Kochzeit zugefügt.

Brombeere Selbstgepflückte Brombeeren vom Wegesrand schmecken um ein Vielfaches aromatischer als Kulturfrüchte. Sie brauchen nur etwas Zucker und einen Klecks Schlagsahne. Die schwarzblauen Früchte ergeben auch köstliche Marmeladen, Kuchen und Desserts und bringen Farbe in Fruchtsalate. Herzhafte Brombeersauce passt gut zu Hase, Reh und Wildschwein sowie zu Huhn und Schweinefleisch.

Brühwurst Unter dieser Sammelbezeichnung fasst man mehr als 800 Wurstarten zusammen. Bei der Herstellung werden zerkleinertes Fleisch, Gewürze und andere Zutaten allesamt roh vermischt und erst dann die Wurstmasse im Wasser oder Dampf pochiert. So entstehen zum Beispiel Fleischwurst, Lyoner, Frankfurter, Bockwürstchen, Bierschinken oder Mortadella. Manche Brühwurstsorten wie Cabanossi, Jagdwurst werden zusätzlich geräuchert. Durch das Brühen verändert sich das Fleischeiweiß so, dass die Wurst, obwohl sie aus zerkleinertem Fleisch besteht, schnittfest bleibt, selbst wenn man sie nochmal aufwärmt oder brät.

Brunnenkresse Mit der → Gartenkresse hat diese schmackhafte Pflanze nur dem Namen nach zu tun, botanisch sind die beiden nicht verwandt. Sie wird auch Wasserkresse oder Wassersenf genannt, wächst wild an sauberen Teichen und fließenden Quellgewässern und schmeckt vor der Blüte am besten. Das Aroma der Blätter, die deutlich größer sind als bei der Gartenkresse, bereichert Salate und Kräuterquark, passt gut zu Kartoffeln und kommt besonders gut in einer feinen Schaumsuppe zum Tragen. Man kann sie auch wie Spinat kochen.

Buchweizen Die aromatischen Samen eines Knöterichgewächses erhält man im Naturkostladen ganz, geschrotet oder auch als Buchweizenmehl. Buchweizen hat einen nussigen, manchmal ein wenig bitteren Geschmack. Ganz oder geschrotet kocht man ihn in Brühe als herzhafte Beilage oder benutzt ihn für Bratlinge und Gemüsefüllungen. In der osteuropäischen Küche ist der Buchweizenbrei Kascha ein Grundnahrungsmittel (auch zum Füllen von Geflügel); aus Buchweizenmehl werden mit Hefe feine Plinsen (Blini) gebacken. In Frankreich kennt man nicht nur die hellen und süßen Crêpes aus Wei-

Was ist Blutpudding?

Roter Wackelpudding
Blutorangencreme
Gebackenes Schweineblut
Gekochtes Pferdeblut

zenmehl, sondern auch die dunkleren Galettes, die würzig mit Käse oder Schinken serviert werden. Wegen des fehlenden Glutens ist Buchweizen nicht zum Brotbacken geeignet, dafür sind Menschen mit Glutenunverträglichkeit dankbar für diese Getreidealternative.

Bulgur Dieses Grundnahrungsmittel aus dem Vorderen Orient ist ein Produkt aus Hartweizen. Zur Herstellung werden die Weizenkörner gekocht, getrocknet, geschält und dann geschrotet. Bulgur wird in Wasser oder Brühe kurz aufgekocht, dann lässt man ihn ausquellen und serviert ihn als Beilage wie Reis - besonders lecker zu Rindfleisch und Lamm. Für Salate kann man ihn auch einfach in kalter Flüssigkeit einige Stunden quellen lassen, etwa für den erfrischenden libanesischen Tabouleh aus Bulgur, Tomaten, Gurken, Zwiebeln, Petersilie, Minze, Olivenöl und Zitronensaft.

Butter Auch wenn sie wegen ihres angeblich negativen Einflusses auf den menschlichen Cholesterinspiegel ein wenig in Verruf geraten war: Ohne Butter wäre manche Speise nur halb so wohlschmeckend. Sie ist nicht nur Brotaufstrich Nummer eins. Auch in Kartoffelpüree oder zum Braten von Wiener Schnitzel geht einfach nichts über gute Butter, und auch bei einer echten Béchamelsauce schmeckt man sofort, ob sie mit Butter oder irgend einem anderen Fett gemacht wurde. Je nach Geschmack greift man zu Süßrahm-, mildgesäuerter oder Sauerrahmbutter, manche lieben auch gesalzene Butter. Für Knoblauch-, Kräuter-, Pfeffer-, Zitronen oder Trüffelbutter lässt man die Butter weich werden, rührt dann die anderen Zutaten unter und lässt das Ganze im Kühlschrank wieder fest werden. Montpellier-Butter, eine Knoblauch-Kräuterbutter mit Senf, Kapern und Sardellen, passt besonders gut zu Fisch. Da Butter schon bei niedriger Temperatur verbrennt, empfiehlt es sich, Fleisch in Öl anzubraten und die Butter erst vor dem Servieren zuzugeben. Oder man benutzt geklärte Butter (auch Butterschmalz, Butterreinfett, in der indischen Küche Ghee), bei der durch Ausschmelzen und Filtern Eiweiß- und Milchzuckeranteile sowie Wasser entfernt sind. Butterschmalz ist wesentlich länger haltbar als frische Butter.

Buttermilch Der Name mag ein wenig irreführend sein, denn Buttermilch enthält ausgesprochen wenig Fett. Vielmehr bleibt dieses Milchprodukt bei der Butterherstellung übrig und hat einen hohen Gehalt an Eiweiß und Mineralstoffen. Buttermilch ist ein erfrischendes Getränk (gern auch mit Früchten oder frischen Kräutern), verfeinert Suppen und Salatdressings, nimmt Wildfleisch seinen strengen Geschmack und gibt dem Teig für Pfannkuchen, Brote oder Kuchen ein angenehm säuerliches Aroma.

Cashewnuss Diese schmackhafte Knabberei ist botanisch gesehen keine Nuss, sondern eine Steinfrucht. Dafür ist der sogenannte Cashewapfel keine Frucht, sondern der verdickte Stiel dieser Frucht. Er wird in den Ursprungsländern wie Brasilien und Indien als Obst gegessen und zu Kompott, Konfitüre und Säften verarbeitet. Die eigentliche Frucht, die sogenannte Cashewnuss, ist an ihrer Nierenform zu erkennen. Mit ihrem süßlich-nussigen Geschmack eignet sie sich zum Knabbern und Backen, bereichert aber auch Studentenfutter, Salate, Gemüsecurrys und Fleischgerichte sowie Desserts und Gebäck.

Cayennepfeffer → Chili

Champignon Der Lieblingsspeisepilz der Deutschen kommt nicht mehr so oft aus der Dose, da immer mehr Menschen ihn gerne frisch kaufen. Am häufigsten ist der weiße Champignon, etwas aromatischer der braune Champignon oder Egerling und ganz besonders schmackhaft der wilde Wald- oder Wiesenchampignon. Zuchtchampignons sollten immer sofort von ihrer Plastikhülle befreit und schnell verarbeitet werden. Hierzu nur mit einem Pinsel säubern, mit Küchenkrepp abreiben oder ganz kurz unter fließendem Wasser waschen. Sie können roh in Salaten oder gegart verzehrt werden. Gekocht, gedünstet oder gebraten schmecken sie in Suppen und Saucen, zu Fleisch und

WAS SIND EIGENTLICH CEREALIEN?

GETREIDE
OBST
VITAMINE
NÜSSE

WIE GROSS IST DIE CHAMPAGNERFLASCHE BEI DER SIEGEREHRUNG DER FORMEL-1-AUTORENNEN?

0,7 LITER
1 LITER
3 LITER
5 LITER

Fisch oder einfach als Beilage. Mittelgroße Exemplare serviert man gern frittiert mit Remoulade, große Exemplare eignen sich zum Füllen.

Cherimoya Diese exotische Frucht ist die aromatischste Vertreterin aus der Gruppe der Annonen und wird auch in Südspanien angebaut. Unter einer mattgrünen Haut mit dachziegelartig angeordneten Schuppen wartet weißes, sehr aromatisches Fruchtfleisch mit dunklen Kernen. Der Geschmack erinnert an eine Mischung aus Erdbeere, Birne und Ananas mit Sahne - daher auch der deutsche Name Rahmapfel. Man lagert die Früchte kühl, aber nicht im Kühlschrank, da sie noch nachreifen. Sie sind perfekt zum Genuss, wenn die Haut bräunliche bis schwarze Flecken aufweist. Cherimoyas werden einfach halbiert und aus der Schale gelöffelt - natürlich ohne Kerne. Das Fruchtfleisch kann man auch mit etwas Puderzucker pürieren und als Sorbet einfrieren.

Chicorée Dieses Gemüse ist der Spross einer Rübe. Wer den bitteren Geschmack nicht mag, entfernt den Strunk und wässert den Chicorée eine Viertelstunde. Roh schmeckt er gut in Salaten, etwa in einer Kombination mit Mandarinen und Walnüssen oder auch als gefüllte Schiffchen mit Gorgonzolacreme. Gedünstet ist er besonders beliebt mit Schinken umwickelt in einer Käsesauce.

Chili Vor allem in heißen Ländern gibt es unzählige Sorten würziger Schoten, die zur Familie der → Paprika zählen. Ihr gemeinsames Motto: Klein, aber oho. Durch unterschiedliche Mengen des Stoffes Capsaicin, der sich vor allem in den Samen konzentriert, können die Schoten mildwürzig bis stechend scharf sein. Dabei sagen weder Größe noch Farbe grundsätzlich etwas über die Schärfe aus. Es gibt also beispielsweise kleine grüne Chilisorten, die sehr mild schmecken, wohingegen andere, ähnlich aussehende Sorten höllisch scharf sein können. Also nachfragen oder vorsichtig (!) probieren! Chili gibt es sowohl frisch (etwa in türkischen oder mexikanischen Geschäften) als auch getrocknet in Form von Pulver oder Flocken sowie im Ganzen eingelegt, als Püree und in Saucen oder Pasten wie Tabasco und Sambal Olek. Ganze Chilis werden manchmal auch als Peperoni, gemahlene Chilischoten als Cayennepfeffer oder Spanischer Pfeffer angeboten, obwohl die Pflanze nicht mit dem Pfeffer verwandt ist. Der baskische Piment d'Espelette ist in Pulverform etwas milder als Cayenne, aber noch aromatischer, mit einer fruchtig-süßen und zugleich leicht rauchigen Note. In Südfrankreich werden Chilis sogar zu Konfitüre und einem pikanten Gelee verarbeitet. Da Chilis selbst wenig Eigengeschmack vermitteln, passen sie zu sehr vielen Gerichten. Gemeinsam mit Hackfleisch und roten Bohnen sind sie unverzichtbarer Bestandteil in Chili con Carne. Wenn Sie zu viel Schärfe erwischt haben, ist Wasser übrigens das falsche Mittel zum Löschen! Am besten wirkt Joghurt, weshalb die Inder auch zu vielen scharfen Speisen Joghurtzubereitungen reichen.

Welcher Teil der Chilischote gibt die typische Schärfe?

Haut
Stiel
Samen
Alles zusammen

Chinakohl Im Gegensatz zu vielen anderen Kohlarten hat Chinakohl eine sehr kurze Kochzeit. Mit seinem zart säuerlichen Geschmack eignet er sich für kurz gegarte Wokgerichte und Suppen, schmeckt aber auch gefüllt (hierfür Blätter vorher kurz blanchieren), etwa mit Hackfleisch, Reis oder einer Fischfarce. Auch roh als Salat macht sich Chinakohl sehr gut und harmoniert besonders mit Karotten, aber auch mit Aprikosen, Äpfeln und Walnüssen. Milchsauer fermentierter Chinakohl ist eine typische Gemüsebeilage in der koreanischen und japanischen Küche.

Cocktails sind als Getränke bekannt, aber was sind sie noch?

Vorspeisen
Nachspeisen
Suppen
Appetithappen

Cima di rapa Erst in jüngster Zeit ist dieses italienische Gemüse auch nördlich der Alpen in Mode gekommen, wo man es auch als Stängelkohl oder Rübenkohl bezeichnet. Äußerlich erinnert er an eine Mischung aus Staudensellerie und Brokkoli, hat aber einen deutlichen, wenn auch angenehm milden Kohlgeschmack. Verwendet wird die ganze, möglichst junge Pflanze, wobei man hohle oder holzige Stängel und welke Blätter wegschneidet. Da diese Kohlart leicht bitter schmecken kann, werden Stängel und Blütenknospen kurz blanchiert, bevor man die Blätter zufügt. Die Italiener lieben Cima di rapa mit Olivenöl, Knoblauch, ein wenig Zitrone und Pinienkernen zu Pasta.

Couscous Bei diesem Klassiker der nordafrikanischen Küche herrscht ein wenig Begriffsverwirrung: Man bezeichnet mit diesem Begriff zunächst einen speziell bearbeiteten Weizen- oder Hirsegrieß und zweitens auch ein gesamtes marokkanisches Gericht aus dieser Getreidezubereitung mit Fleisch und/oder Gemüse. Couscous wird nicht wie Reis gekocht, sondern in einem speziellen Topf über Wasser oder dem dazugehörigen Gericht gedämpft. So bleibt das Getreide körnig locker. Dazu gehört meist ein Schmorgericht, wobei als Gemüse Kürbis, Zucchini, Auberginen, Möhren, Kichererbsen und Tomaten und beim Fleisch Lamm und Geflügel besonders beliebt sind. Gewürzt wird mit → Raz el Hanout, → Harissa, → Safran und/oder → Kreuzkümmel. Gern werden diese Gerichte auch mit Trockenfrüchten wie Rosinen, Aprikosen oder Pflaumen aromatisiert. Für den modernen Haushalt gibt es vorgegarten Couscous-Grieß, den man nur noch kurz aufkochen muss. Couscous kann auch zum Weizensalat Tabouleh verarbeitet sowie für Süßspeisen verwendet werden (ähnlich Milchreis).

Wie viele Minuten muss man joggen, wenn man eine Tüte Chips gegessen hat?

Ca. 15 Minuten
Ca. 30 Minuten
Ca. 60 Minuten
Ca. 90 Minuten

Wie viel Zucker ist in einem Liter Cola?

7 Gramm
77 Gramm
107 Gramm
207 Gramm

Cranberry → Preiselbeere

Crème fraîche → Sauerrahm

Curry Viele halten Curry für eine Gewürzpflanze. Es handelt sich dabei aber um eine aus Indien stammende Gewürzmischung, die für die Farbe meist einen großen Teil Gelbwurz (→ Kurkuma) enthalt und dazu in unterschiedlichen Anteilen Pfeffer, Koriander, Ingwer, Bockshornkleesamen, Kardamom, Piment, Nelken und andere Gewürze. In Asien, Afrika und der Karibik bezeichnet man mit „Curry" auch fertige Gerichte, bei denen Fisch, Fleisch und/oder Gemüse mit frisch gerösteten und gemörserten Gewürzen zubereitet werden. Es gibt übrigens auch ein Currykraut, dass seinen Namen der indischen Gewürzmischung verdankt.

Dattel Die dickfleischigen Früchte der Dattelpalme sind durch ihren hohen Zucker- und Mineralstoffgehalt richtige kleine Energiebömbchen. Reife Datteln haben eine glatte, rötlichbraun glänzende Haut; sie sind prall und feucht. Die honigsüßen Früchte werden sowohl frisch als auch getrocknet und gepresst angeboten. Für den frischen Verzehr eignen sich vor allem die saftigen Soft-Datteln. Kühl gelagert sind die Früchte lange haltbar. Sie enthalten sehr viele Ballaststoffe und noch mehr Kalium als Bananen.

Auf welcher Pflanze wachsen Datteln?

Auf Palmen
Auf Sträuchern
Auf Wiesen
Auf Kakteen

Dill Das zartfiedrige Kraut dient unter anderem zur Verfeinerung von Salaten, Saucen oder Fischgerichten, zur Herstellung von Kräuteressig sowie für die Konservierung von Gurken. In Bündeln gekaufter Dill hält sich länger, wenn man die Stiele anschneidet und in ein Glas mit Wasser stellt.

Dinkel Nicht nur in Form von Mehl für Brot und allerlei Backwaren oder als Flocken für Müsli wird Dinkel verwendet. In der Naturkostküche schätzt man auch gekochten Dinkel. Das sehr aromatische Getreide schmeckt - als ganzes Korn oder geschrotet - vor allem in Suppen und Eintöpfen sowie in Getreideaufläufen und -bratlingen. Entspelzte und polierte Dinkelkörner werden als Dinkelreis bezeichnet und können wie Reis verarbeitet werden. Aus unreifem Dinkel entsteht durch Darren → Grünkern.

Distelöl Der Gesundheitsbewegung ist es zu verdanken, dass das Öl der Färberdistel mittlerweile sogar im Supermarkt zu haben ist. Allerdings handelt es sich dann meistens um raffiniertes Öl, dem ein Großteil des typischen Aromas abhanden gekommen ist. Wer ein starkes Eigenaroma nicht scheut, der kauft kalt gepresstes Distelöl, das besonders viele ungesättigte Fettsäuren enthält. Man verwendet es sparsam in Salaten, besonders gut schmeckt es in Kombination mit Karotte, Karotte/Apfel, Fenchel und Staudensellerie. Distelöl sollte nicht erhitzt werden, da sich die gesunden Fettsäuren schnell zersetzen.

Dorade royale Mit einem goldenen Streifen zwischen den Augen glänzt dieser Fisch, der auch Goldbrasse genannt wird. Er hat festes weißes Fleisch und vergleichsweise wenig Gräten. Je nach Größe reicht ein Exemplar für ein bis vier Personen. Besonders schmackhaft und saftig bleibt die Dorade, wenn man sie in einem Mantel aus Meersalz und Eiweiß im Ofen gart. Sie eignet sich auch gut zum Grillen und zum langsamen Garen in Weißwein mit Tomate, Knoblauch und mediterranen Kräutern.

Drachenkopf Sehr vertrauenserweckend wirkt keiner seiner Namen: Weder Großer Roter Drachenkopf noch Skorpionfisch noch Meersau laden so richtig zum Essen ein, und mit seinen Stacheln und Hautfetzen ist er ein eher abstoßender Geselle. Dabei gilt dieser Felsenfisch als einer der schmackhaftesten Meeresfische. Er kommt im Mittelmeer und im Atlantik vor und hat weißes, festes Fleisch mit delikatem Geschmack. Man genießt ihn klassisch in Bouillabaisse oder anderen Fischsuppen und kann ihn auch in einem Wein-Tomaten-Sud garen. Als besondere Delikatesse gelten – wie bei der Forelle – die Bäckchen.

Welche Spezialität vom Dornhai ist bekannt?

Mozartkugeln
Weberknoten
Schillerlocken
Strausseneier

Desserts!

Bayerische Creme ist eine im heißen Wasserbad mit dem Schneebesen aufgeschlagene Creme aus Eigelb, Zucker und Milch oder Sahne, ein Klassiker aus Süddeutschland. Das Grundrezept wird als Dessert gerne mit frischem Obst oder Früchtesaucen kombiniert.

Charlotte ist die Bezeichnung für eine warme oder kalte Süßspeise. Die Gemeinsamkeit besteht darin, dass beide in einer Form zubereitet werden, die mit Löffelbiskuits oder Biskuitschnitten ausgelegt wird.

Crème brûlée (Gebrannte Creme) ist eine Süßspeise aus Eigelb, Sahne, Milch und Zucker. Das Besondere ist die Karamellkruste, die nach dem Bestreuen des Desserts mit Zucker durch ein heißes Brenneisen oder Flambieren mit einem kleinen Gasbrenner hergestellt wird. In Spanien wird die Crema Catalana gern noch mit etwas abgeriebener Zitronenschale aromatisiert.

Crêpe ist die bretonische Form des Eierkuchens. Sie sind sehr dünn und werden auf einer runden, gusseisernen Platte zubereitet. Die Zubereitung mit dem Teigrechen erfordert einige Übung. Crêpes werden traditionell süß belegt, oft nur mit Zucker bestreut oder mit Konfitüre oder Nuss-Nougat-Creme bestrichen. Flambiert mit Cointreau wird der Crêpe Suzette mit Orangen.

Crumble ist eine beliebte Gattung von Nachspeisen aus der englischen Küche. Die mit Streuseln überbackenen Früchte kommen frisch aus dem Ofen und werden warm serviert. Man kann Crumble mit Rhabarber, Johannisbeeren, Kirschen, Zwetschgen und anderen Obstsorten zubereiten. In Deutschland ist diese Art der warmen Süßspeise noch weitgehend unbekannt.

Čupavci ist ein kroatischer Nachtisch. Es sind kleine Kuchen aus Kokoswürfeln, die in Schokolade getunkt werden und mit getrockneten Kokosnussraspeln bestreut sind.

Eine **Eisbombe** ist eine gefrorene Süßspeise mit einer Hülle aus Speiseeis und einer speziellen, aromatisierten Füllung. Eisbomben haben eine typische halbkugelige Form und sind oft – ähnlich wie Torten – aufwendig dekoriert.

Ein **Flan** ist eine im Wasserbad gestockte Masse aus Eiern und einer Flüssigkeit wie Milch (in salziger Form auch mit Brühe oder püriertem Gemüse als Vorspeise oder Beilage bekannt). Wer den Dessertklassiker exotisch verfeinern will, würzt ihn mal mit Ingwer, Limette oder Kokos. In Portugal, Spanien und Lateinamerika heißt auch die Crème au caramel der Franzosen Flan.

Galaktoboureko ist ein Dessert aus Griechenland und der Türkei. Es ist ein Grießpudding, der von einer Art Blätterteig (Filoteig) umhüllt ist und mit Zitrone oder Orange verfeinert wird. Er wird auf dem Blech im Ofen gebacken und in rechteckige oder quadratische Stücke geschnitten.

Germknödel sind große, halbkugelförmige und mit Pflaumenmus gefüllte Knödel aus Hefeteig. Sie kommen aus der böhmischen und der Wiener Küche und können auch eine süße Hauptmahlzeit sein. Auch Marillenknödel (Aprikosenknödel) gehören zu den Klassikern der Alpenküche.

Granité ist eine erfrischende Eisspezialität, die aus vielen Früchten zubereitet werden kann. Es handelt sich dabei um im Tiefkühler gefrorenes Fruchtpüree, das immer wieder mit der Gabel durchgerührt wird, damit die Masse „stückig" bleibt. Für edle Varianten kann Granité mit Champagner oder Wein statt Wasser zubereitet werden.

Der lange verpönte **Grießbrei** erlebt gerade sein Comeback als Dessert. Mit Zitrone, Vanille, Zimt und Pflaumen oder Obst nach Wunsch zubereitet, kann er mit anderen Cremes und Puddings durchaus mithalten. Gut dazu passen auch Apfelmus, Obstkompott oder Fruchtpüree.

Gulab Jamun ist eine klassische indische Süßspeise. Es handelt sich dabei um frittierte Teigbällchen in aromatisiertem Zuckersirup. Hauptbestandteil des Teiges ist eingekochte cremige Milch.

Der **Kaiserschmarrn** zählt zu den bekanntesten österreichischen Süßspeisen. Er wird aus Mehl, Milch, Eiern und etwas Zucker und Salz zubereitet. Das Besondere ist, dass der Teig in der Pfanne zuerst in kleine Stücke zerteilt wird und dann fertig gebacken wird.

Für **Mousse au chocolat** wird Schokolade mit Sahne und Eiweiß zu einem luftigen Schaum aufgeschlagen. Dabei kommt reichlich Luft unter die Masse, das macht die Mousse cremig. Je nachdem, ob sie mit dunkler oder weißer Schokolade zubereitet wird, und je nach Kakaogehalt der Schokolade wird das Dessert mehr oder weniger süß.

Der **Ofenschlupfer** ist ein schwäbisches Gericht. Es wird aus Apfelscheiben, Rosinen und Mandelblättchen, die in einer feuerfesten Form geschichtet werden, zubereitet. Das Ganze wird mit einer Sahne-Ei-Mischung übergossen, gewürzt und mit Weißbrot abgeschmeckt.

Für **Panna cotta** wird Sahne aufgekocht, mit Vanille aromatisiert. Durch Zugabe von Gelatine wird die Panna cotta (ital. „gekochte Sahne") im Kühlschrank fest und kann zum Servieren aus Portionsförmchen gestürzt werden. Klassisch dazu ist Himbeerpüree.

Mit **Parfait** wird Halbgefrorenes aus Eigelb, Zucker und Sahne bezeichnet, das meist in einer Kasten- oder Halbkugelform zubereitet und in Scheiben oder Portionsstücke geschnitten wird. Bekannt ist vor allem die italienische Spezialität Cassata, die

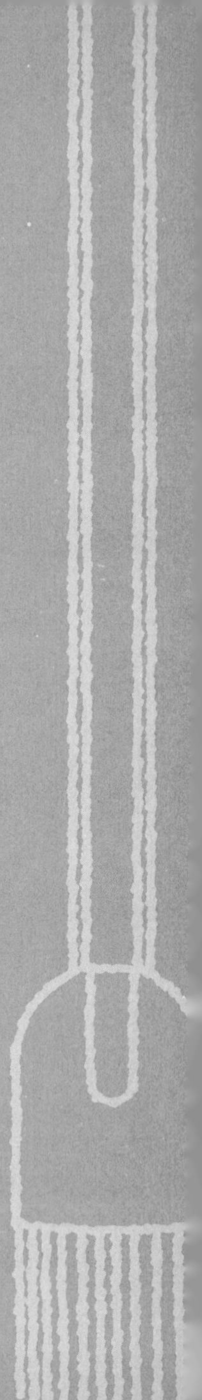

kandierte Früchte enthält. Ein Parfait kann aber auch viele andere Geschmacksgeber enthalten, von Schokolade über Nüsse und Früchte bis zu Gewürzen wie Zimt.

Pfirsich Melba ist ein Dessert, das Auguste Escoffier der Sängerin Nellie Melba widmete, während sie 1892–1893 am Londoner Royal Opera House gastierte. Zum Rezept gehören neben dem Pfirsich auch Vanilleeis, Himbeerpüree und Schlagsahne. Dazu werden Waffeln serviert.

Die **Pignolata** wird im Osten Siziliens hergestellt. Dafür werden Teigbällchen oder -rollen ausgebacken und aufeinander gestapelt. Das geschichtete Dessert mit einem Überzug aus Schokolade, Puderzucker oder Karamell ist typisch für Messina, aber auch in Kalabrien bekannt. Diese Süßspeise wird besonders gern zu Weihnachten gegessen.

Powidltascherln sind in der österreichischen und böhmisch-tschechischen Küche mit Pflaumenmus gefüllte Teigtaschen. Während Germknödel aus Hefeteig hergestellt werden, bereitet man Powidltascherl in der Regel aus Kartoffelteig zu.

Profiteroles sind kleine Windbeutel aus zuckerlosem Brandteig. Als klassisches Dessert werden sie mit Schlagsahne, Vanille- oder Mokkacreme gefüllt. Mit einer Füllung aus Käsecreme oder würzigem Püree (etwa aus Fleisch) können sie auch als Einlage für klare Suppen oder als Snack dienen.

Pudding wurde – bevor es Puddingpulver gab – noch selbst gemacht: in einer speziellen Puddingform im Wasserbad. Die kalt servierte Süßspeise wird aus Milch mit Grieß oder Stärke und Eiern bereitet und mit Schokolade, Fruchtsaucen oder Würzigem (Lebkuchen, Vanille) aromatisiert. Ein anderer für Pudding gebrauchter Begriff ist Flammeri.

Kleine **Reiskuchen** sind vor allem in der asiatischen Küche beliebt. Der philippinische Biko beispielsweise wird mit Klebreis, Kokosnuss, Salz, braunem Zucker und Butter zubereitet. Der fertige Reiskuchen wird zum Servieren noch mit Kokosnussmilch begossen und mit geraspelter Kokosnuss bestreut. Mochi wiederum ist die Bezeichnung für japanische Reiskuchen, die vor allem zu Neujahr gegessen werden. Bei der Zubereitung wird der verwendete Klebreis in Holzbottichen mit großen Holzhämmern geschlagen, wobei ein Helfer nach jedem Schlag den Reisklumpen wendet. Die Entsprechung in China heißt Nian gao.

Rote Grütze kommt aus Skandinavien. Verschiedene rote Früchte wie Johannisbeeren, Sauerkirschen oder Himbeeren werden unter Zugabe von Zucker, etwas Fruchtsaft mit Speisestärke gebunden. Zum Klassiker der Beerensaison wird Sahne, Milch oder Vanillesauce gereicht.

Sorbet, früher auch Scherbet genannt, ist die Bezeichnung für ein eiskaltes Getränk oder eine halb gefrorene Speise aus Fruchtsaft, Fruchtpüree und Zucker. Es gibt auch Sorbets, die statt Fruchtsaft Champagner, Wein, Campari oder Likör enthalten. Klassisch ist das Zitronensorbet.

Ein perfektes **Soufflé** gilt als hohe Kunst der Desserts, weil es zwar eigentlich unkompliziert zuzubereiten ist, trotzdem nicht immer gelingt. Die luftige Eierspeise wird in kleinen Portionsformen oder einer großen feuerfesten Schale mit geradem Rand im Ofen gebacken und muss während des Garvorgangs richtig hochsteigen. Oben appetitlich gebräunt, wird die süße Speise mit Puderzucker bestreut und noch ofenwarm serviert.

Tartuffo ist eine italienische Eisspezialität, die den Trüffelpralinen nachempfunden ist. Traditionell besteht „Tartuffo bianco" aus einer mit bitterer Schokoladensoße gefüllten Vanilleeiskugel, die wiederum mit einer Schicht aus Schokoladeneis umhüllt und mit Kakao bestäubt ist.

Ein **Tiramisù** besteht aus Schichten von Löffelbiskuits und einer Creme aus Ei und Mascarpone. Der besondere Geschmack kommt von kaltem Espresso und dem Mandellikör Amaretto. Tiramisù wird gekühlt gegessen.

Trifle, eine vor allem in Großbritannien beliebte Süßspeise, besteht aus mehreren Schichten von Puddingcreme, Obst, Sandkuchen, Götterspeise und Schlagsahne.

Frisch im heißen Waffeleisen gebackene **Waffeln** ergeben mit Sauerkirschen oder anderen Früchten, Eis oder Sahne ein beliebtes Dessert. Für diese Variante werden keine krossen, sondern weiche Waffeln gebacken, für die der Waffelteig schnell gerührt ist.

Die **Welfenspeise** ist eine geschichtete Süßspeise. Unter eine gekochte Creme aus Milch und Vanille wird steif geschlagener Eiweißschaum gehoben. Der Name kommt von ihrem weiß-gelben Aussehen. Das sind die Farben des Adelsgeschlechts der Welfen.

Die **Zabaione** ist eine der bekanntesten Nachspeisen der italienischen Küche. Sie besteht aus Zucker, Eigelb und Weinschaum. Wobei dem Weinschaum noch etwas Marsala zugefügt wird, um das spezielle Aroma zu erhalten.

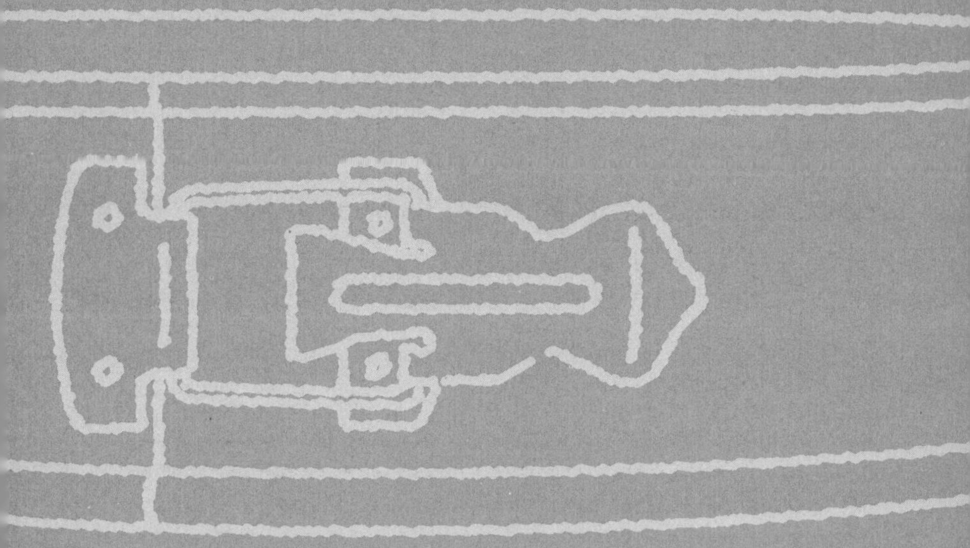

E

Ei Ob weich oder pochiert zum Frühstück, ob zur Brotzeit, als Rühr- oder Spiegelei, in Pfannkuchen, Crêpes oder Omeletts, für Spätzle oder Kaiserschmarrn, zum Backen oder Legieren von Suppen und Saucen - ohne Hühnerei wäre die Küche um einiges ärmer. Es gibt Hunderte Gerichte und viele Klassiker auf Ei-Basis, etwa Eggs Benedict mit Schinken, pochiertem Ei und Sauce hollandaise, die französischen Oeufs en cocotte (im Förmchen gestockte Eier) oder die berühmten Russischen Eier, die wohl in Deutschland erfunden wurden: eine kalte Vorspeise aus hart gekochten, halbierten und gefüllten Eiern mit einem Klecks Kaviar. Die einfachere Variante setzt gefüllte Eier auf Fleischsalat. Da Eiklar und Eigelb beim Erhitzen fest werden und Eiweiß sich zu Schaum schlagen lässt, bieten sich auch hier unzählige Verwendungsmöglichkeiten an - sei es zum Kochen, Backen oder für Süßspeisen. Auch die sehr kleinen Wachteleier oder riesige Exemplare vom Strauß können gegessen werden. Wachteleier werden meist hart gekocht und zum Garnieren verwendet oder als kleine dekorative Spiegeleier gebraten. Aus Straußenei macht man Rührei. Durch die harte Schale sind Eier einige Wochen haltbar. Sie verderben jedoch schnell, wenn sie angeschlagen oder roh verarbeitet sind, etwa in Mayonnaise oder Tiramisu. Vorsicht: Salmonellengefahr! Die Warnung vor dem Ei als Feind eines gesunden Cholesterinspiegels wurde übrigens in jüngster Zeit wissenschaftlich widerlegt.

Eichblattsalat Seine charakteristische Form und die rotbraune Färbung der Blattränder machen Eichblattsalat zur dekorativen Zutat eines jeden Salattellers. Da die zarten Blätter nur begrenzt haltbar sind, sollten sie in einem feuchten Tuch im Kühlschrank gelagert und bald verzehrt werden. Wegen seines leicht nussigen Geschmacks passt Walnuss-, Haselnuss- oder Kürbiskernöl fürs Dressing.

Eisbergsalat, Eissalat Viele Vitamine enthält dieser hellgrüne Salat mit festem Kopf nicht. Durch seine knackige Frische ist er dennoch eine gute Basis für Salate und harmoniert mit vielen anderen Zutaten, da er sich nicht durch starkes Eigenaroma in den Vordergrund drängt. Auch Sandwiches und Hamburger bekommen durch einige Eissalatblätter einen frischen Touch.

Endivie Nicht jeder mag die leicht bittere Note des Endiviensalats, doch Liebhaber schätzen ihn genau deshalb. Der Bitterstoff Inulin regt Appetit und Verdauung an, außerdem hat dieser Salat einen relativ hohen Gehalt an Vitaminen und Mineralstoffen. Soll er weniger bitter sein, schneidet man den Strunk heraus und wässert die ganzen Blätter vor dem Verarbeiten kurz in lauwarmem Wasser. Erst dann schneidet man sie in schmale Streifen. Die Endivie verlangt ein kräftiges Dressing und harmoniert mit würzigen Zutaten wie Oliven, Sardellen, Thunfisch oder Speck sowie mit säuerlichen Früchten. Immer häufiger wird die Endivie auch mit Butter gedünstet und als Gemüse oder in Suppen serviert. Eine Unterart der Endivie ist der Friséesalat, der wegen seiner krausen Blätter auch Krause Endivie genannt wird. Er schmeckt weniger bitter, die Verwendung ist gleich.

Ente Recht groß ist der geschmackliche Unterschied zwischen Haus- und Flugente. Flug- oder Wildenten haben durch ständige Bewegung würzigeres Fleisch und weniger Fett, die meist aus Mastbetrieben stammende Hausente überzeugt durch größere Fleischmengen, enthält aber auch mehr Fett. Ente schmeckt am besten, wenn sie langsam im Ofen gebraten und dabei immer wieder mit dem Bratfett übergossen wird. Davor kann sie auch gefüllt werden. Als besondere Köstlichkeit gilt die recht magere Barbarie-Ente, die gern in Form von Entenbrust mit Orangensauce serviert wird. Entenbrust brät man am besten auf der Hautseite an und lässt sie dann bei niedriger Temperatur im Ofen nicht ganz gar ziehen – sie sollte innen noch rosa sein. Als Vorspeise oder auf Salat ist geräucherte Entenbrust ein Schmankerl. Als umstrittene, aber sehr begehrte Delikatesse gilt nach wie vor die Entenstopfleber (→ Foie gras). Für die berühmte Pekingente wird durch eine klei-

Was sind russische Eier?

Rührei mit Trüffel
Hartgekochte Eier mit Kaviar
Spiegeleier mit Räucherfisch
Eier im Glas

ne Öffnung unterm Flügel die Haut aufgeblasen, damit sie sich vom Fleisch trennt. Dann wird die Ente mit kochendem Wasser überbrüht, gewürzt und mit Honig eingestrichen, was die Haut beim Braten knusprig und glänzend rot werden lässt. Man serviert sie getrennt vom Rest der Ente. Das Fleisch wird in kleine Stücke geschnitten, bei Tisch in dünne Pfannkuchen gewickelt und mit süßer Pflaumen- oder Sojasauce gegessen.

Erbsen Auch wenn sie irgendwie aus der Mode gekommen sind: Erbsen sind vor allem für Vegetarier ein gesunder Eiweißspender. Getrocknete Erbsen mit ihrer mehligen Konsistenz nutzt man klassisch in Suppe oder Eintopf sowie als Püree. Frische Erbsen zu palen macht ein wenig Arbeit, doch das Gemüse belohnt die Mühe mit unübertrefflichem Aroma. Dieses passt als Beilage zu Fleischgerichten, in Suppen, Nudel-, Reis- oder Kartoffelsalate sowie zu Hühnerfrikassee und Pastagerichten (etwa mit Schinken und Sahnesauce). Und im Leipziger Allerlei sind Erbsen unverzichtbar.
Zuckerschoten werden, wie der Name schon sagt, samt Schote oder Hülse gegessen und haben ein leicht süßliches Aroma. Wegen ihrer zarten Konsistenz und des feinen Geschmacks nennt man sie auch Kaiserschoten. Sie werden nur kurz in Butter oder etwas Brühe gedünstet und schmecken in Wokgerichten oder als knackige Gemüsebeilage. Alle Erbsen sind roh leicht giftig und dürfen wie alle Hülsenfrüchte nur gegart verzehrt werden.

WAS FÜR EIN GETRÄNK VERBIRGT SICH HINTER DEM NAMEN EINSPÄNNER?

EIN OBSTBRAND
EIN KAFFEE
EIN LIKÖR
EIN WERMUT

Erdbeere Entgegen ihrem Namen zählt die Erdbeere aus botanischer Sicht nicht zu den Beeren, sondern zu den Sammelnussfrüchten. Echte Genießer kaufen sie nur dann, wenn sie bei uns Saison haben und verzichten auf die wässrigen und pestizidverseuchten Exemplare, die schon zu Weihnachten importiert werden. Frische, voll ausgereift geerntete Erdbeeren sind saftig-süß und aromatisch, kommen in Kuchen, Torten und Süßspeisen glänzend zur Geltung und schmecken als Dessert auch mit grünem Pfeffer. Aromatische Göttin unter den Erdbeeren ist die winzige Walderdbeere. Vorsicht: Es gibt viele Menschen, die auf Erdbeeren allergisch sind.

Erdnuss Auch wenn sie botanisch gar keine Nuss ist, sondern eine Hülsenfrucht, wird sie doch wie eine Nuss verwendet. Erdnüsse mit Schale lassen sich leicht von Hand knacken, der Großteil kommt aber schon als Erdnusskerne in den

Handel, zum Knabbern auch gesalzen und/oder geröstet. Mit ihrem würzigen Aroma nutzt man sie zum Backen und für Süßspeisen, aber auch für süße und salzige Salate, für exotische Saucen zu Fleisch und Fisch. Die Amerikaner lieben ihre Erdnussbutter; Erdnussöl kommt vor allem in der asiatischen Küche zum Einsatz.

Essig Manche machen aus der Wahl des Essigs eine Wissenschaft und haben zig Sorten zu Hause stehen. Auf jeden Fall sollte man stets einen qualitativ hochwertigen Essig kaufen und von verdünnter Essigessenz zum Essen die Finger lassen, denn die besteht aus chemisch hergestellter Essigsäure. Auch Branntweinessig hat nicht viel Aroma, da er aus klarem Getreide- oder Kartoffelschnaps hergestellt wird. Am häufigsten findet man Weinessig, der durch eine zweite Gärung aus Rot- oder Weißwein hergestellt sein kann. Manche Weingüter stellen sogar sortenreinen Weinessig her. Weißweinessig schmeckt milder und passt daher gut zu Fischgerichten und zarten Salaten, Rotweinessig würzt kräftige Salate sowie Marinaden und Beizen für dunkles Fleisch. Einen besonders fruchtigen Geschmack haben Apfel- und Himbeeressig und andere Fruchtessige. Wegen seinem würzigen Aroma immer beliebter wird der in Eichenfässern gereifte Sherry-Essig aus Spanien. Und der Balsamessig, noch beliebter unter dem Namen Aceto Balsamico, genießt mittlerweile fast Kultstatus. Gewonnen wird er nicht aus Wein, sondern aus eingekochtem Traubenmost. Ist er wirklich lange im Fass gereift, entwickelt er ein unvergleichliches, malzig-süßes Aroma, mit dem man sogar fertige Gerichte noch bereichern kann. Billiger Balsamico-Essig ist allerdings häufig mit Traubenmost oder Zuckercouleur gefärbt und aromatisiert. Ganz überzeugte Essig-Freaks servieren sehr alte und zu dickflüssigen Elixieren gereifte Essige übrigens sogar als Aperitif.

Esskastanie → Marone

Estragon Die echte Sauce béarnaise erhält ihren charakteristischen Geschmack durch Estragon, ein sehr aromatisches Küchenkraut, das vor allem in der französischen Küche beliebt ist, etwa zum Kaninchenrücken. Es passt gut zu Fisch, Geflügel und weißen Saucen. Außerdem wird Estragon gern für Kräuteressig, Senf und zum Einlegen von Gurken verwendet.

Wie alt sind die sogenannten 1000-Jahr-Eier in China wirklich?

10 Tage
20 Tage
50 Tage
100 Tage

F

Fasan Dieser lebend überaus hübsche Hühnervogel schmeckt besonders aromatisch als echtes Wildgeflügel. Meistens wird er aber heute gezüchtet, hat aber dennoch recht fettarmes Fleisch. Besonders hell und zart ist Fasanenbrust, die Keulen sind dunkler und schmecken würziger. Fasan wird fast immer gebraten und geschmort. Um das Fleisch schön saftig zu halten, kann man es mit Speck umwickeln und/oder immer wieder mit dem Bratensaft (gut mit Rotwein oder Sherry!) übergießen.

Feige Nachdem getrocknete Feigen schon lange Konjunktur haben, werden auch die frischen Früchte immer beliebter. Reif sind die meisten Sorten dunkelviolett, sehr weich und deshalb auch sehr empfindlich. Man isst sie mit oder ohne Schale, das aufgeschnittene Fruchtfleisch mit seiner leuchtend roten Farbe eignet sich gut als Dekoration. Als Trockenobst liefern Feigen schnell Zucker und Energie und regen wegen der vielen Kernchen die Verdauung an. Feigensenf ist die ideale Begleitung zu würzigem Hartkäse wie Sbrinz oder Parmesan.

Felchen → Renke

Feldsalat Vogerlsalat sagt man in Bayern, Sonnenwirbele im Südwesten Deutschlands, manche kennen Feldsalat auch als Rapunzel. Besonders gut harmonieren die dunkelgrünen Büschel mit gebratenem Speck, Brotcroutons und hart gekochtem Ei oder mit Roten Beten. Fürs Dressing passen Zitrone und Olivenöl, aber auch Himbeeressig und Walnussöl oder ein Kartoffeldressing. Wichtig: Feldsalat immer sehr gut waschen, damit Sie nicht auf Sand beißen. Roter Feldsalat ist eigentlich ein rotblättriger „Babyleaf"-Romanasalat und eignet sich zum Mischen mit echtem Feldsalat.

Fenchel Mit seinen charakteristischen ätherischen Ölen ist Fenchel nicht nur ein feines Gemüse, er liefert auch aromatische Samen für Tee und als Gewürz für Gebäck sowie für süße und herzhafte Speisen. Hauchfein gehobelt, geben die knackigen Knollen Salaten ein erfrischendes Aroma oder werden einfach in Streifen geschnitten und mit einem Dip serviert. Gedünstet ergeben sie ein köstliches Gemüse, bereichern Suppen und passen gut zu Fisch. Auch das vitaminreiche Kraut sollte unbedingt mit verwertet werden. Fenchelsamen ergeben nicht nur einen gesunden Tee für Magen und Darm, sie passen auch wunderbar zu Fleischgerichten.

Feta Viele meinen Schafskäse, wenn sie Feta sagen. Für diesen relativ frischen Käse, der ursprünglich aus Griechenland stammt, ist eine geschützte Herkunftsbezeichnung beantragt wie es sie als AOC (Appellation d'origine contrôlée) etwa für einige französische Käse gibt. Doch momentan ist er sowohl aus Kuh- wie aus Schafsmilch noch im Sortiment – also genau aufs Etikett oder Preisschild schauen! Feta ist eine ideale Beigabe für mediterrane Salate, schmeckt gut auf Pizza, Quiches und für Füllungen sowie zum Überbacken von Aufläufen. Er kann auch gegrillt oder paniert und dann gebacken werden.

Fette Henne Kein überfüttertes Huhn verbirgt sich hinter dieser Bezeichnung, sondern ein recht seltenes Gemüse aus der Familie der Dickblattgewächse. Und genau so sieht sie auch aus: Die leuchtend hellgrünen Blätter sind fleischig und saftig, man findet sie auch bei uns und muss sie wohl meist selber sammeln, denn es gibt sie nur selten auf dem Markt. Am besten schmecken die ganz jungen Pflanzen im Frühjahr. Mit ihrem gurkenähnlichen Geschmack passen sie gut an gemischte Salate und ergeben – in Butter gedünstet – ein feines Gemüse. Mit zunehmendem Alter schmecken die Blätter leicht bitter.

Filet Da Filet irgendwie edler klingt, wird das Lendenfleisch von Schwein, Kalb, Rind oder Lamm meist unter diesem Namen verkauft. Beides ist das Gleiche und bezeichnet das zarte Muskelstück rechts und links am hinteren Teil der Wirbelsäule. Es zählt zu den edelsten Stücken und ist entsprechend teuer. Man kann das Filet im Ganzen braten oder schmoren, muss aber sehr aufpassen, damit es seine Saftigkeit bewahrt. So ent-

Wie viel Tonnen Fischstäbchen werden in Deutschland jährlich verzehrt?

ca. 26000 t
ca. 34000 t
ca. 42000 t
ca. 53000 t

steht ein sogenannter Lungenbraten, der mit der Lunge übrigens nichts zu tun hat. Schneidet man die Lende in dicke Scheiben, erhält man Filetsteaks, Tournedos oder Medaillons. Vor allem beim Rind und Lamm dürfen sie innen noch rosa bis rot sein.

Filo Bis vor wenigen Jahren kannte man dieses Wort in Mitteleuropa so wenig wie sein Synonym Yufka. Hinter beiden Begriffen versteckt sich ein einfacher Teig aus Weizenmehl, Wasser und Salz, den man in türkischen, griechischen und arabischen Läden fertig kaufen kann. Er erinnert an Strudel- oder Blätterteig, ist sehr dünn, und man macht daraus allerlei süße oder salzige Fladenbrote, Kuchen, Strudel und Teigtaschen. Je mehr Lagen man übereinander schichtet, desto blättriger wird das Gebäck. Um die Ränder zu verkleben, streicht man sie dünn mit Öl oder Ei ein. Sehr lecker schmeckt im Teig ausgebackener Fisch oder Fleisch, zum Beispiel Lammfilets, oder auch Schafs- und Ziegenkäse in Filoteig.

Flussbarsch Besonders häufig findet man diesen feinen Süßwasserfisch am Bodensee. Auf deutscher Seite nennt man ihn auch Kretzer, bei den Schweizern und Österreichern Egli, wobei damit meist das Filet gemeint ist. Wie dem auch sei – der Flussbarsch hat weißes, festes Fleisch, ein wunderbares Aroma und schmeckt am besten, wenn man den Geschmack nicht durch zu starke andere Zutaten verfälscht. Häufig werden die Filets in Bierteig gebacken oder pochiert mit Weinsauce serviert. Gern kombiniert man die auf der Haut gebratenen Filets auch mit Blattspinat oder Pilzen.

Welches Fleisch gehört auf keinen Fall auf den Grill?

Gepökeltes Fleisch
Fettiges Fleisch
Fettarmes Fleisch
Angebratenes vom Vortag

Flusskrebs Nach langen Jahrzehnten der Flaute ist der Flusskrebs in unseren Gewässern wieder heimisch geworden. Man bekommt sie lebend oder aber die ausgelösten und meist schon gegarten Schwänze. Flusskrebse sollten immer ganz frisch sein und werden in siedendem Wasser oder einem Wein-Gemüse-Sud gegart, bis sie eine schöne rote Färbung angenommen haben. Man isst sie mit Krebswerkzeug aus dem Panzer oder benutzt das Fleisch für Flusskrebssuppe, Salate, Pastagerichte, Risotto und Gratins. Flusskrebse harmonieren auch mit zarten Gemüsen wie Spargel, Spinat oder Avocado und sind eine Hauptzutat im echten Leipziger Allerlei. Eine feine Krebssauce erhält man aus den angebratenen Panzern und Scheren (Karkassen), Krebsfond und -fleisch, Wein und/oder Cognac sowie Sahne oder Butter. Aus den zerstoßenen Karkassen lässt sich Krebsbutter herstellen, mit denen man Saucen und Fischgerichte verfeinert.

Foie gras Von Ente oder Gans kann die berühmt-berüchtigte Foie gras (frz. für „fette Leber“) oder Stopfleber stammen. Um die teure Delikatesse zu erhalten, werden die Tiere mit Kraftfutter gemästet, teils erfolgt die Zwangsernährung auch mit Pumpen. In Deutschland, Österreich, der Schweiz und einigen anderen Ländern ist diese Brutalmast verboten. Die beste Entenstopfleber stammt, so Kenner, von der Mulard-Ente, die in Frankreich und Nordspanien gezüchtet wird. Foie gras hat eine fast sahnig-schmelzende Konsistenz und ein delikates Aroma, das gern durch Trüffel und/oder Walnüsse noch gehoben wird. Sie schmeckt leicht gebraten (auf keinen Fall durchbraten!) am besten zu knusprigem Brot und einem Glas Süßwein.

Forelle Seit viele einheimische Flüsse renaturiert werden, werden wieder mehr wild lebende Forellen mit der Angel gefangen. Als besonders delikat gilt die Bachforelle, die man an kleinen dunklen Punkten erkennt. Ein gutes Aroma, vor allem aus Wildfang, hat auch die Regenbogenforelle. Sie schmeckt auch als Zuchtfisch, wenn dieser erst direkt vor dem Zubereiten aus dem Becken gefischt und ganz frisch zubereitet wird. Die Regenbogenforelle hat zwei klassische Zubereitungsarten: „Forelle blau“ erhält ihre typische Färbung durch Garen in einem Sud aus Weißweinessig, Zwiebel, Lorbeerblatt, Wacholder, Pfeffer und Nelke. Dies funktioniert aber nur, wenn man die zarte äußere Schleimschicht nicht verletzt. Also die Forelle nicht abwaschen und nur mit nassen Händen anfassen. Für „Forelle Müllerin Art“ wird der ganze Fisch durch Milch gezogen, in Mehl gewendet und dann in Butter gebraten. Als besondere Delikatesse mancher Bergregionen gelten geräucherte Forellen, die man als Filets einfach mit Sahnemeerrettich serviert, sie aber auch zu Tatar oder Mousse verarbeiten kann. Lachsforellen sind übrigens Regenbogenforellen, die im Meer leben und zum Laichen in die Flüsse aufsteigen. Durch die Ernährung mit kleinen Krebstieren entwickeln sie rosafarbenes Fleisch. Sie sind größer als normale Regenbogenforellen und können im Ganzen unter einer Salz-Eiweiß-Kruste im Ofen gebacken werden.

Frischkäse Da dieser ganz junge Käse nach dem Säuern und Dicklegen der Milch keinen Reifeprozess durchmacht, ist er ganz besonders leicht bekömmlich. Frischkäse gibt es je nach Region von Kuh-, Schaf- oder Ziegenmilch. Meist hat er eine ausgesprochen cremige Konsistenz, ist er körnig, spricht man von Hüttenkäse (→ Ricotta). Eine besonders fettarme Frischkä-

Was ist Frappé für ein Getränk?

Ein französischer Wermut
Ein griechischer Eiskaffee
Ein italienischer Minzlikör
Ein spanischer Sherry

seart ist → Quark, mehr Fett enthält Doppelrahmfrischkäse, und → Mascarpone wird aus reiner Sahne hergestellt. Frischkäse schmeckt als Brotaufstrich, vor allem wenn er noch mit Kräutern oder Gewürzen wie Meerrettich, Paprika oder Curry aromatisiert ist. Er eignet sich für Salatsaucen, Dips oder zum Belegen von Quiches und verleiht Cremedesserts oder Küchenfüllungen eine angenehm säuerliche Note.

Friséesalat → Endivie

Frühlingszwiebel → Zwiebel

Fugu Ob beim Genuss dieses Fisches der Gaumen- oder der Nervenkitzel überwiegt, ist schwer zu sagen. Jedenfalls ist Fugu zu essen in Japan ein teures Statussymbol, und die Zubereitung ist Köchen vorbehalten, die eine jahrelange Ausbildung genossen haben. Bei jeder der 22 bekannten Kugelfischarten sitzt das gefährliche Nervengift an einer anderen Stelle. Es ist also überlebenswichtig, das ungiftige Filet so gekonnt herauszuschneiden, dass kein Milligramm des Giftes in die essbaren Teile gelangt. Ist das gelungen, hat Fugu einen ausgesprochen delikaten Geschmack, den man roh in hauchdünnen Scheiben oder als Suppe genießt. Die nicht verwendeten Teile müssen in der Tokioter Giftzentrale abgegeben werden, und in Deutschland sind Import und Verkauf des gefährlichen Gesellen verboten.

G

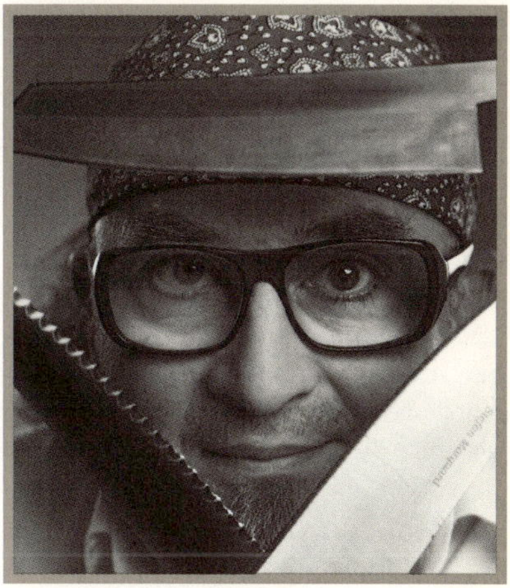

Galgant Diese asiatische Wurzel ist eng mit dem → Ingwer verwandt, schmeckt so ähnlich und wird auch ähnlich verwendet. Vor allem findet man dieses Gewürz in der Thai- und der indonesischen Küche, etwa in Nasi Goreng. Es aromatisiert Suppen, Wokgerichte und Currypasten. Am besten kauft man frischen Galgant, da dieser ein weitaus besseres Aroma hat als die getrocknete Wurzel.

Gans Die Martins- und die Weihnachtsgans sind Küchenklassiker, auf die sich manche schon das ganze Jahr über freuen. Da das Fleisch dieses Entenvogels sehr fettreich ist, gilt es als typisches Herbst- und Wintergericht. Am besten schmeckt das Federvieh als gefüllter Gänsebraten. Für die Füllung eignen sich Kartoffeln, Äpfel, Maroni oder auch eine Mischung aus Brot, Ei und durch den Fleischwolf gedrehten Innereien. Zum Braten setzt man die Gans im Ofen auf einen Rost, damit das auslaufende Fett abfließen kann. Kümmel, Äpfel und/oder Knoblauch machen die Gans ein wenig leichter verdaulich. Man rechnet eine Gans für sechs bis acht Personen. Sehr schmackhaft ist auch geräucherte Gänsebrust, umstritten dagegen die Gänsestopfleber (→ Foie gras).
Übrigens entkielen Sie eine Gans viel einfacher, wenn sie die Kiele nicht aus der rohen Gans ziehen. Schieben Sie die Gans etwa 20 Minuten bei 180 bis 200 Grad in den Ofen und nehmen Sie sie dann heraus. Mit der Pinzette lassen sich die Kiele ganz einfach entfernen. Danach weitergaren.

Garnele (Crevette) Was vor wenigen Jahrzehnten noch eine teure Delikatesse war, ist heute in jedem Supermarkt für wenig Geld zu haben: Meist erhält man Zuchtgarnelen aus Thailand, deren Geschmack mit dem feinen Aroma von Wildwassergarnelen nicht mithalten kann. Es gibt unzählige Garne-

lenarten – je nach Meeresregion: transparente, rosafarbene und graugrüne, große und kleine, getupfte und gestreifte. Und je nach Region nennt man die kleineren Sorten auch Gambas oder Shrimps, die größeren Riesengarnelen oder englisch Prawns. Eigentlich falsch, aber offiziell zulässig ist die Bezeichnung „Krabben“ für kleine Nordseegarnelen.
Wenn irgend möglich, kauft man Garnelen als Frischware, befreit sie vor dem Zubereiten von Darm und Schale und gart sie sanft. (Entfernt man die Schale nicht, wird der Geschmack intensiver.) Die meisten Sorten sind in rohem Zustand farblos bis grüngrau und entwickeln erst beim Garen die typische rosa Farbe. Beim Braten nur niedrige Temperaturen wählen, damit die Garnelen innen noch leicht glasig sind. Vorsicht: Bei zu hoher Temperatur und zu langem Braten werden sie schnell trocken und fade. Garnelen schmecken pochiert als Zutat für Salat oder Vorspeisen, gegrillt oder paniert, als Anreicherung von Paella und Suppe oder in Gerichten mit anderen Meeresfrüchten und Fisch. Als Knabberei werden in Chinarestaurants Krabbenchips, auch Krupuk oder Krabbenbrot genannt, gereicht.

Gartenkresse Die kleinen zarten Sprossen werden in kleinen Pappschächtelchen mit Pflanzsubstrat verkauft. Man schneidet sie mit einer Schere vorsichtig ab und wäscht sie gründlich, um die salzig-sandigen Körnchen später nicht zwischen den Zähnen zu haben. Gartenkresse hat einen scharf-würzigen Geschmack und wird gern zum Verfeinern von Salaten, Suppen, Saucen, Frischkäsezubereitungen und Kräuterquark sowie zum Garnieren verwendet. Sie schmecken auch wunderbar auf einer Scheibe Butterbrot. Ganz leicht lassen sich Kressesprossen auch zu Hause ziehen.

Welches Gemüse ist auch roh essbar bzw. geniessbar?

- Auberginen
- Kohlrabi
- Bohnen
- Kartoffeln

Gartenmelde Dieses Gänsefußgewächs wächst bei uns wild, wird aber viel zu selten in der Küche verwendet. Man isst die frischen Triebspitzen, die dem Spinat ähneln und als Salat angemacht oder als Gemüse gegart werden können. Gartenmelde schmeckt leicht nussig und ein bisschen bitter. Sie harmoniert gut mit saurer und süßer Sahne.

Gelatine In Zeiten von BSE und Schweinepest ist dieses Geliermittel in Verruf geraten, da es aus Haut und Knochen von Rindern und/oder Schweinen gewonnen wird. Kaufen kann man Gelatine in Form hauchdünner Platten oder als Pulver. Sie ist farb-, geruch- und geschmacklos und eignet sich für herzhafte Sülzen und Aspik ebenso wie für Süßspeisen und Tortenfüllungen. Sie wird in kaltem Wasser einige Minuten eingeweicht, dann ausgedrückt und sofort in die heiße Flüssigkeit oder Creme gerührt. Will man sie für Sahne, Joghurt oder Quarkcremes verwenden, erwärmt man die eingeweichte Gelatine mit einem Teil der Creme und rührt alles gut durch. Dann wird diese Masse mit der restlichen Creme vermischt. In jedem Fall lässt man die Masse im Kühlschrank erstarren. Gelatine ist auch in vielen Fertigprodukten von Halbfettprodukten über manche Milchprodukte und Backwaren bis Gummibärchen zu finden. Als Alternative zu Hause bietet sich → Agar-Agar an.

Gelbwurz Das auch als Kurkuma bekannte Gewürz zählt zu den Ingwergewächsen und stammt aus Indien. Sein Aroma kennt man vor allem aus Curry-Mischungen, denen Kurkuma auch die leuchtend gelbe Farbe verleiht. Kurkuma gibt Currys sowie anderen Fleisch- und Gemüsegerichten ein ausgeprägt würziges Aroma. Man kann ihn auch zum Würzen und Färben von Fisch- und Geflügelsalaten, Saucen, Gewürzquark, Butter, Mayonnaisen und Senf verwenden und damit Grillfleisch und Kurzgebratenes würzen. Auch in Worcestershiresauce ist Gelbwurz enthalten.

Gerste In Form von „Gerstensaft" – sprich Bier – ist dieses Getreide ganz besonders beliebt, und ein Großteil der Ernte geht tatsächlich als Braugerste in die Bierindustrie sowie in die Whisky- und Backwarenherstellung. Außerdem werden die Körner zu Flocken für Müsli sowie zu → Graupen verarbeitet und auch zu Mehl vermahlen. Während in Österreich und der Schweiz die traditionelle Gerstensuppe nie von der Speisekarte verschwunden war, wird das Getreide in der Sterneküche – etwa als Beilage in Form von Gersten-Risotto – gerade erst wiederentdeckt.

Gewürznelke → Nelke

Giersch Da die Blattform an den Fuß einer Ziege erinnert, nennt man den Giersch auch Geißfuß. Manche Hobbygärtner nervt die Pflanze als Unkraut, dabei kann man sie gut in der Küche verwenden. Giersch schmeckt ein wenig nach Karotte und kann wie Spinat zubereitet werden. Er schmeckt auch in Suppen, Salaten und Kräuterquark.

Goldbarsch → Rotbarsch

Goldbrasse → Dorade royale

Gomasio Für diese nussige Würze mischen die Japaner ganz einfach Meersalz mit Sesam. Will man Gomasio selbst herstellen, so werden ungeschälte Sesamkörner trocken in der Pfanne angeröstet (nicht zu stark, sonst schmecken sie bit-

Gebäck!

Der **Apfelstrudel** ist eine traditionelle österreichische Süßspeise, die ursprünglich vor allem in Wien zu finden war, heute aber international bekannt ist. Er ist die bekannteste Strudelart und schmeckt nicht nur pur, sondern auch mit Vanillesauce oder Vanilleeis.

Baklava ist ein Gebäck aus Blätter- bzw. Filoteig, gefüllt mit gehackten Walnüssen, Mandeln oder Pistazien. Solange es noch heiß ist, wird es in Sirup eingelegt, der aus Honig, Zucker, Gewürzen und Rosenwasser besteht, und wird dann in Rautenform geschnitten.

Berliner sind faustgroße Krapfen aus süßem Hefeteig, die schwimmend in Fett ausgebacken werden. Die Füllung aus Marmelade ist meist Erdbeerkonfitüre oder Pflaumenmus. Auf der oberen Hälfte sind sie mit Zuckerguss überzogen oder mit Zucker bestreut. Besonders beliebt sind die Krapfen zu Silvester und Karneval.

Bienenstich ist ein traditioneller Blechkuchen aus Hefeteig mit einem Belag aus einer Butter-Zucker-Mandel-Masse, die beim Backen karamellisiert. Häufig wird der Teig auch nach dem Backen noch aufgeschnitten und mit einer Vanille- oder Sahnecreme gefüllt.

Rezepte für **Christstollen** gibt es viele, doch der berühmteste Weihnachtsstollen stammt aus Dresden. Ein Hefeteig wird mit Rosinen, Korinthen, Mandeln, Zitronat, Orangeat und Rum zubereitet. Vor dem Verzehr sollte der Stollen bis zu 4 Wochen ziehen.

Als **Donauwellen** ergibt die Kombination aus hellem und dunklem Rührteig, Kirschen, Buttercreme und Schokoladenüberzug einen fast schon berüchtigten Kuchenklassiker, der zu Kaffeekränzchen gerne zum Einsatz kommt.

Die **Eierschecke** ist ein Blechkuchen mit Quark und Rosinen aus Dresden. Auf dem Hefeteig wird die Quarkmasse verteilt, auf die wiederum die Scheckenmasse aus Eiern, Zucker, Rum und Butter gehört.

Die **Engadiner Nusstorte** besteht aus einem Mürbeteigboden und -deckel, zwischen denen sich eine supersüße Walnuss-Honig-Sahnemischung befindet. Dieser Graubündner Kuchenklassiker hält sich gut und ist - in kleinen Portionen - eine erlesene Spezialität

Florentiner sind runde Plätzchen aus Mandelsplittern, Orangeat und Honig, die ohne Mehl auf Oblaten im Ofen gebacken werden. Die Unterseite ist mit Schokolade überzogen, die Oberseite wird beim Backen knusprig.

Der **Frankfurter Kranz,** eine Spezialität aus Frankfurt am Main, ist ein Sand- oder Biskuitteig, der in einer Kranzform gebacken wird. Der gebackene Teig wird zweimal geteilt und die einzelnen Lagen mit Buttercreme, oft auch mit roter Konfitüre wie etwa Johannisbeergelee, gefüllt. Das Ganze wird außen mit Buttercreme bestrichen sowie mit Krokant oder Mandelblättchen bestreut und ist dann eine mächtige Torte.

Ein **Franzbrötchen** ist ein süßes Kleingebäck aus Plunderteig mit Zucker und Zimt und hat einen festen Platz am Hamburger Frühstückstisch, wird aber auch zu Kaffee und Kuchen gereicht. Einige Bäckereien bieten diese Spezialität auch als „Hamburger" an.

Die **Grillagetorte** ist eine halb gefrorene Spezialität vom Niederrhein. Dafür wird eine Baisermasse als Boden auf ein Blech aufgestrichen und getrocknet. Der Boden wird mit Schokolade bestrichen. Drei Böden werden geschichtet, dazwischen geschlagene Sahne sowie Krokant, und ab in den Kühlschrank.

Der **Guglhupf** gehört sowohl zur Elsässer wie auch zur österreichischen Backtradition. Der Napfkuchen aus Hefeteig wird mit in Rum getränkten Rosinen angereichert, als Marmor-Guglhupf oder auch mit Quark und Mandeln zubereitet.

Die **Linzer Torte** besteht aus Mürbeteig mit vielen gemahlenen Haselnüssen und Zimt sowie einer Füllung aus Marmelade, meist Johannisbeerkonfitüre. Die österreichische Stadt Linz gab den Namen.

Für **Muffins** wird der Teig in eine kleine Papierform gefüllt. Nach dem Backen hat der Muffin seine handliche Form. Muffins stammen aus England, über Amerika kamen sie zu uns. Mittlerweile werden auch viele Mini-Kuchen, die die gleiche Form haben, als Muffin bezeichnet.

Panettone ist ein Weihnachtsklassiker aus Italien. Der hohe, kuppelförmige Kuchen wird meist aus Hefeteig hergestellt und enthält neben Rosinen auch kandierte Früchte.

Die **Prinzregententorte** ist eine hauptsächlich in Bayern verbreitete Torte. Sie besteht aus mindestens sechs dünnen Böden und Schokoladenbuttercreme. Außen ist sie mit einem Schokoladenguss überzogen.

Der **Reisfladen** ist eine kulinarische Spezialität aus Belgien. Es handelt sich um einen Hefeteig mit einer Füllung aus Milchreis, der in einer Fladenform gebacken wird. Nach dem Backen lässt man den Kuchen auskühlen und serviert ihn pur oder mit Fruchtsoße.

Die **Rüblitorte** wird aus Rührteig und fein geriebenen Karotten (schweizerisch Rübli) zubereitet und bleibt einige Tage frisch und saftig. Am besten schmeckt er ein bis zwei Tage nach dem Backen.

Die **Sachertorte,** die berühmteste Wiener Kaffeehausspezialität, wird aus Rührteig hergestellt. Zusammen mit Aprikosenkonfitüre,

Marzipan und einem Schokoladenüberzug ergibt das einen der beliebtesten Tortenklassiker.

Als **Schwarzwälder Kirschtorte** hat die üppige Sahnetorte mit geschichteten Biskuitböden, Kirschen, Kirschwasser und Schokostreuseln seit ihrer Erfindung einen unaufhaltsamen Siegeszug angetreten, der sie auf alle Kaffeetische brachte und zur wohl beliebtesten Torte überhaupt machte.

Die **Tarte Tatin** ist ein klassischer französischer Apfelkuchen, der nach dem Backen gestürzt wird. Typisch ist eine dünne Karamellschicht, die beim Backen auf dem Boden der Springform bzw. Tarteform entsteht.

Topfenstrudel ist ein Strudel, der mit Quark gefüllt wird (in Österreich Topfen). Strudelteig wird wie Nudelteig zubereitet und sehr dünn ausgerollt.

Vasina torta ist eine serbische Spezialität, die mit Weinbrand aromatisiert wird. Die Torte hat eine Füllung aus einer Mandel-, Haselnuss- und Walnuss-Cremenmischung.

ter!), im Mörser zerstoßen und dann je nach persönlichem Gusto mit Meersalz vermischt. Gomasio streut man einfach über fertig zubereitete Salate, Suppen, Gemüse-, Reis-, Getreide- oder Nudelgerichte. Am besten nicht erhitzen, um die Inhaltsstoffe zu bewahren.

Granatapfel Essbare Teile des Granatapfels sind die zahlreichen leuchtend roten Kerne. Sie schmecken im Obstsalat, aber auch in winterlichen Blattsalaten und bringen einen Hauch von Orient in Couscous oder Pilawreis. In Sauce zu Wild oder Entenbrust sind die herben, säuerlich-süßen Granatäpfel ein fruchtiger Ersatz für Preiselbeeren. So öffnen Sie die Frucht: Quer halbieren und mit dem Messer an den Rändern acht- bis zehnmal tief einschneiden. Dann lassen sich die Kerne ganz leicht herausklopfen. Granatapfelsirup (Grenadine) gibt vielen Cocktails wie etwa Tequila Sunrise Farbe und einen fruchtigen Geschmack. Im Orient aromatisiert man damit auch Fleischgerichte. Übrigens: Die „Zwiebeln“ des berühmten Porzellan-Zwiebelmusters stellen eigentlich Granatäpfel und Pfirsiche dar.

Grapefruit Die leicht bitter schmeckende Zitrusfrucht wird häufig mit der → Pampelmuse verwechselt, ist aber eine Kreuzung aus dieser mit der Orange. Sie ist kleiner und vor allem süßer als die Pampelmuse. Besonders süß und aromatisch schmeckt die Pink Grapefruit. Zum Essen wird die frische Frucht einfach halbiert, das Fruchtfleisch in der Schale in Segmente geschnitten und dann mit einem Löffel direkt in den Mund gehoben. Eine köstliche Erfrischung ist auch der Saft - pur oder in Mixgetränken.

Graupen Diese mildere und bekömmlichere Variante der Gerste (manchmal auch aus Weizen) kennt man in Österreich auch als Rollgerste. Durch Schälen und Schleifen verlieren die Getreidekörner Spelzen und Spitzen. Als Suppen-

Bei welchem Gemüse kann man die Schale mitessen?

Karotte
Gurke
Kartoffel
Tomate

Welches Gericht wurde vom ersten deutschen Fernsehkoch erfunden?

Toast Hawaii
Strammer Max
Kalter Hund
Schnitzel Holstein

einlage und für Eintöpfe sind Graupen wieder im Trend. Sie ergeben ein feines Gersten-„Risotto" und eignen sich auch für Süßspeisen. Die feinsten: Perlgraupen.

Grüner Salat Oft bezeichnet man diesen losen Kopf aus grünen Blättern einfach als Kopfsalat, doch das kann verwirrend sein, da man hierzu auch die verwandten Lattichgewächse wie → Romanasalat oder → Eisbergsalat zählt. Grüner Salat hat in letzter Zeit viel an Popularität verloren, denn er hält sich nicht lange und besteht aus wenig mehr als Wasser und Chlorophyll. Die Außenblätter welken schnell und können ein wenig bitter schmecken. Besonders zart und köstlich sind die Innenblätter und die Salatherzen. Grünen Salat immer erst kurz vor dem Anmachen waschen, die Blätter erst dann mit den Händen zerrupfen, Dressing drüber und gleich servieren. Gut passen Vinaigrette und milde Joghurtdressings.

Grünkern Der Name deutet schon darauf hin: Für dieses schmackhafte Getreide werden Dinkelkörner halbreif geerntet, dann sanft gedarrt und geschält. Die nussig und – bei Darren über Buchenholzrauch – auch leicht rauchig schmeckenden Körner werden ganz, geschrotet oder gemahlen für Suppen, Saucen oder Getreidebratlinge verwendet.

Grünkohl Vor allem in Norddeutschland liebt man Grünkohl als Wintergemüse für deftige Eintöpfe, die gern mit regionalen Wurstsorten wie Pinkel oder Bregenwurst, aber auch mit Mettenden, Fleischklößchen, Schweinebauch, Kasseler, Speck, Pökel- oder Gänsefleisch angereichert werden. Der Kohl sollte vor dem Weiterverarbeiten von den dicken Strünken befreit, geschnitten oder gehackt und in Salzwasser blanchiert werden (so kann man ihn auch gut einfrieren). Er ergibt mit Kartoffeln oder deftigen Getreidesorten auch rustikale Suppen und Aufläufe; die dunkle Variante Cavolo Nero ist gemeinsam mit dicken Bohnen Bestandteil des toskanischen Eintopfs Ribollita (die „Aufgewärmte"). Übrigens ergeben fein geschnittene rohe Grünkohlblätter auch einen gesunden, leicht bitteren Salat, der viel Vitamin C enthält.

Guave Eine exotische Note im Obstsalat gefällig? Das sahnigweiche, süßsaure, ein wenig wie Birnen, Erdbeeren und Feigen schmeckende Fruchtfleisch kann roh verzehrt werden und eignet sich auch bestens für Konfitüren und Chutneys. Die apfelgroße

WAS IST DAS TEUERSTE GEWÜRZ DER WELT?

GOLDANIS
SAFRAN
INDISCHES SILBERKRAUT
BÄRLAUCH

Der Guide Michelin vergibt Sterne an Restaurants, wie viele Sterne sind die höchste Auszeichnung?

2 Sterne
3 Sterne
5 Sterne
10 Sterne

Frucht kann man mit Schale essen oder halbieren und auslöffeln. Die vielen kleinen Kerne können nerven, sind aber essbar.

Gundermann Dieses recht herb schmeckende Wildkraut kann man am Wald- und Wegesrand pflücken und verwendet es am besten ganz frisch. Gundermann gibt Suppen und Saucen ein würziges Aroma, bereichert jede Kräutersuppe und gibt Kräuterquark eine leicht bittere Note.

Gurke Gurken sollten beim Kauf fest und knackig sein - egal, ob Schlangen- oder Gärtnergurke. Will man die Früchte mit Schale verzehren, empfiehlt sich Bioware. Klassiker sind Gurkensalat mit Joghurt oder Sauerrahm und viel Dill sowie Griechischer Salat mit Tomaten, Oliven, Schafskäse, Olivenöl und getrockneten mediterranen Kräutern (ohne Blattsalate!). Auch geschmort schmecken Gurken hervorragend, und außerdem eignen sie sich zum Füllen mit Hackfleisch, Reis, Hirse oder anderem Getreide. Die russische und die Balkanküchen kennen auch kalte Gurkensuppen als sommerliche Vorspeise, etwa mit Joghurt, Knoblauch, Dill und zerstampften Walnusskernen. Jahrelang halten sich sauer, salzig oder süßsauer eingelegte kleine Früchte, etwa die berühmten Spreewalder Gurken.

Hackfleisch Ob Faschiertes, Mett oder Hack: Das durch den Fleischwolf gedrehte Fleisch von Rind, Schwein oder Lamm ist sehr vielseitig verwendbar. Jedes Land und jede Region hat eine eigene Form gebratener Fleischklöße: von Bulette, Frikadelle und Fleischpflanzerl über Hamburger und Königsberger Klopse bis zu Bifteki, Cevapcici oder Köfte. In Laibform kommt der Hackbraten oder auch Falsche Hase daher. Unverzichtbar ist Hackfleisch auch in Bolognese-Sauce und anderen Hackfleischsaucen wie etwa Omas Haschee. Man kann damit Gemüse wie Paprika, Kartoffeln oder Kohlrabi füllen oder Aufläufe und Quiches bereichern. Besonders fettarm ist das sogenannte Tatar aus Rinderfilet, das gern roh mit Ei, Zwiebeln und Gewürzen angemacht wird. Da Hackfleisch Luft und Bakterien eine große Angriffsfläche bietet, ist es nur kurz haltbar und sollte immer erst kurz vor Verwendung hergestellt werden. Beim Fleischer am besten nur Hackfleisch kaufen, das im Moment der Bestellung durchgedreht wird.

Hafer Nicht ohne Grund sagt man jemanden „sticht der Hafer". Das in dem Getreide enthaltene Avenin gilt als leicht aufputschend, also energieanregend. Verwendet wird Hafer vor allem für Haferflocken. Diese sind eine Grundzutat für Müsli und ergeben nicht nur den berühmten Haferschleim für Kranke, sondern mit Zwiebeln geröstet und mit Brühe abgelöscht auch eine schmackhafte Suppe für Genießer. Geschälte Haferkörner („Nackthafer") können wie Reis gekocht und verwendet werden.

Hagebutte Die orangefarbene bis leuchtend rote Frucht der Wildrose kommt fast nur verarbeitet auf den Tisch: als Mus oder Mark, Konfitüre oder Gelee, Fruchtsauce oder Chutney, Wein oder Likör. Beliebt ist sie auch als Tee.

Hai Mit Haifisch auf dem Teller ist es so ähnlich wie bei einer Begegnung auf offener See: Manche sind feine Gesellen, mit anderen lässt man sich lieber nicht ein. Als sehr lecker gelten vor allem Kurzflossen-Mako sowie Zitronen- und Tigerhai. Sie sind ausgesprochen lecker, aber teils in ihrem Bestand gefährdet. Das feste weißfleischige Haifilet oder Haifischsteak eignet sich gut zum Braten und Grillen und hat ein sehr feines Aroma. Bei uns ist Hai als Frischfisch selten zu finden, doch der Dornhai ist sehr beliebt - auch wenn die meisten Genießer gar nicht wissen, dass sie ihn je gegessen haben: In geräucherter Form werden die Bauchlappen des Fischs nämlich als „Schillerlocken" verkauft, da sich die Fleischstücke beim Räuchern durch den Flüssigkeitsverlust aufrollen. Die enthäuteten und grätenfreien Rückenstücke des Dornhais kommen häufig als „Seeaal" auf den Markt.

Hallimasch Der Hallimasch wird auch Honigpilz genannt, sieht mit seiner goldenen Farbe köstlich aus, ist aber im rohen Zustand giftig. Am besten isst man nur die Hüte ganz junger Pilze, kocht sie lange und schüttet das Kochwasser weg.

Halloumi Der aus Zypern stammende Dreisortenkäse aus Kuh-, Schafs- und Ziegenmilch wird üblicherweise mit Minze verfeinert. Da der feste Käse nicht die Form verliert, wird er bevorzugt gegrillt oder gebraten, dann entfaltet er sein volles Aroma.

Hammel → Lamm

Harissa Aus Nordafrika stammt diese sündhaft scharfe Würzpaste, die neben Chili noch bis zu 20 weitere Gewürze wie Kreuzkümmel, Minze, Knoblauch und Koriander enthält. Sie gehört in jedes Couscous und eignet sich gut zum Marinieren von Grillfleisch sowie für Fisch- und Reisgerichte. Mit Brühe oder Olivenöl verdünnt kann man sie auch als Würzsauce auf den Tisch stellen.

Hase Nur ein aus der Wildnis stammender Hase ist ein echter Hase, und deshalb ist ein guter Hasenbraten heute eine sehr seltene Delikatesse (sogenannte „Stallhasen" sind → Kaninchen). Hasenrücken wird meist im Ganzen gebraten oder geschmort, die Keulen kann man ebenfalls braten, grillen oder aber beizen und dann schmoren. Reststücke, die sich zum Braten nicht eignen, etwa Brust und Hals, aber auch Leber, Herz und Lunge, ergeben ein feines Hasenragout oder Hasenpfeffer. Außerdem lässt sich aus Reststücken mit Kalbfleisch, Speck und Gewürzen eine feine Hasenpastete oder -terrine zubereiten.

Haselnuss Bis heute findet man Haselnusssträucher häufig am Waldrand. Die Schale zu knacken ist allerdings nicht ganz leicht, aber darunter versprechen die knackigen Kerne eine köstliche Knabberei. Als absoluter Klassiker in Keksen, Kuchen, Torten und Schokoladen ist die Haselnuss aus Bäckerei und Konditorei nicht wegzudenken. Und auch als herzhafte Begleitung macht sie sich gut, zum Beispiel in Salaten. Ohne Fett in der Pfanne geröstet, wird ihr Aroma noch intensiviert. Haselnussöl, reich an ungesättigten Fettsäuren, Vitamin A und E, eignet sich dank seines nussigen Geschmacks sehr gut für Saucen und Dressings zu Rohkost, Salaten, Pfannkuchen und Crêpes, muss aber im Kühlschrank aufbewahrt und schnell verbraucht werden, da es leicht ranzig wird.

Hecht Dieser Raubfisch gleitet so elegant durch Flüsse und Seen, dass er viel Muskelfleisch entwickelt und dementsprechend delikat schmeckt. Junge Exemplare des Edelfischs haben feines Fleisch und schmecken am besten gedünstet. Ältere und größere Hechte mit ihrem festen, grobfaserigen Fleisch eignen sich besser für Farcen, Pasteten und Hechtklößchen, die man im Badischen gern in Rieslingsauce und/oder mit Blattspinat serviert.

Hefe Neben Sauerteig ist Hefe das klassische Backtriebmittel für Brot und manch anderes Gebäck. Es gibt sie frisch als 30-Gramm-Würfel oder als Trockenbackhefe in Pulverform. Hefe wird vor der Verwendung in lauwarmem Wasser oder Milch mit einer Prise Zucker aufgelöst und dann der Mehlmischung beigegeben. Danach muss der Teig einige Zeit „gehen“, das heißt, die Hefepilze setzen Kohlesäure frei und treiben dadurch den Teig in die Höhe. Hefe eignet sich vor allem für leichte Teige aus Weißmehl, da sie nur leicht treibt. Aus Großmutters Küche immer noch beliebt sind Hefeklöße als Beilage zu Fleischgerichten sowie Germknödel: mit Pflaumenmus gefüllte Knödel aus Hefeteig, die mit Butter und Mohn serviert werden – ein üppiges Dessert oder auch Hauptspeise. Hefepilze bewirken übrigens auch die Gärung von Bier und Wein.

Heidelbeere (Blaubeere) Auch wenn sie erheblich teurer sind, lohnt es sich, echte Waldheidelbeeren zu kaufen. Sie bestechen durch einen fruchtig-erdigen Geschmack, der durch etwas Zucker und Sahne noch besser zur Geltung kommt. Heidelbeeren bereichern Kuchen und Torten, Pfannkuchen und Desserts, Milchshakes und Müsli und ergeben einen aromatischen Likör.

Heilbutt Frisch bekommt man diesen Plattfisch nur beim guten Fischhändler, meist in Form von Filetstücken; häufiger ist er geräuchert zu finden. In der Küche ist frischer Heilbutt sehr wandlungsfähig und passt sich verschiedensten Zutaten bescheiden an, seien dies nun Senf- oder Currysauce, Gemüse und Kräuter oder sogar Steinpilze.

Hering Früher war dieser Meeresfisch ein Allerweltsessen, doch mittlerweile haben ihn auch Feinschmecker entdeckt. Dank seines üppigen Anteils an Omega-3-Fettsäuren gilt er als besonders gesund, ist aber durch den hohen Fettgehalt nicht lange haltbar. Deshalb wird er meist als Salzhering in unterschiedlichen Zubereitungen angeboten:

Der Bismarckhering ist ein entgräteter und ausgenommener Hering, der ohne Kopf in Essiglake mit Gewürzen mariniert wird. Er ist die Basis für Heringssalate mit allerlei Gewürzaromen, wobei dieser Fisch besonders gut mit Roter Bete sowie mit Curry und/oder Dill harmoniert und mit Joghurt oder Crème fraîche leichter schmeckt als mit Mayonnaise. Für Rollmops wird ein halbes Heringsfilet um eine Gewürzgurke gewickelt und in Essiglake eingelegt - ein klassisches Katerfrühstück. Bratheringe werden in Mehl gewendet, gebraten und dann erst in Essig konserviert. Unter Bückling versteht man den im Ganzen gesalzenen und geräucherten Hering mit Kopf.

Für den berühmten Matjes werden junge, noch nicht laichreife Heringe im Frühsommer gefangen, filetiert und mild gesalzen. Ihren charakteristischen Geschmack erhalten sie durch Fermentierung im Eichenfass. Matjes schmeckt pur mit Zwiebeln, Bohnen und Bratkartoffeln; in Süddeutschland serviert man ihn gern mit einer Sauerrahm-Zwiebel-Apfel-Sauce. Eine Hauptrolle spielt der Matjes in der norddeutschen Spezialität Labskaus, ein regionales Rezept aus gepökeltem Rindfleisch oder Corned Beef mit Kartoffeln, eingelegter Roter Bete, Salzgurken, Zwiebeln und Matjes. Serviert wird das Ganze mit Spiegelei, Rollmops und Gewürzgurke.

Herzmuschel Eigentlich ist es verwunderlich, wie selten diese Muschelart in unseren Kochtöpfen landet, denn kaum eine Muschel kommt in der Nordsee häufiger vor. Die Holländer, Spanier und Portugiesen aber essen sie gern. Man kann sie dünsten (sehr gut mit Weißwein und Tomaten!), braten, backen, gratinieren oder ganz einfach wie Austern essen: roh mit ein paar Tropfen Zitronensaft.

Himbeere Vollausgereifte Himbeeren schmecken wie ein Stück Paradies, ob in Obstsalaten, Eis und auf Torten oder gekocht in Roter Grütze, Konfitüren, Sirup oder Säften. „Heiße Liebe" ist ein Dessert aus Vanilleeis und heißen Himbee-

Welche der folgenden Antworten ist die fettärmste Hackvariation?

Rinderhack
Tatar
Hack gemischt aus Schwein und Rind
Schweinemett

ren; beliebt auch Panna cotta mit Himbeerpüree, für das die Früchte einfach mit etwas Puderzucker püriert werden.

Hirn Im Zuge verschiedener Tier-Lebensmittel-Skandale ist Hirn als Lebensmittel völlig aus der Mode gekommen und auch im Handel nur selten erhältlich. Hirn vom Kalb oder Lamm besteht aus einer weichen grauweißen Masse, die größtenteils aus Eiweiß und Fett besteht und sehr viel Cholesterin enthält. Man kann Hirn einfach im Kräutersud ziehen lassen und mit brauner Butter übergießen, mit Kartoffeln und Ei in der Pfanne braten, in Bierteig ausbacken oder in Saucen und Pasteten verarbeiten. Dass der Genuss von Hirn schlau oder potent machen soll, ist übrigens ein Märchen.

Hirsch Steht Hirsch auf einer Speisekarte, so ist damit fast immer der Rothirsch gemeint (auch andere Arten wie Reh und Elch gehören zur Familie der Hirsche). Klassiker in der Küche sind die Keule und der Hirschrücken, der gut schmeckt, aber oft faserig und trocken ist. Um dem abzuhelfen, beizt man ihn ein bis zwei Tage mit Rotwein und Gewürzen. Danach wird er mit Speck gespickt, angebraten und anschließend langsam geschmort. Auf den Tisch kommen auch Hirschgulasch (Ragout), -koteletts, -steaks und -medaillons. Als Ergänzung oder für die Sauce passen Äpfel, Birnen, Pflaumen oder Kirschen. Außerdem ergibt das Fleisch würzige Pasteten. Wer das Glück hat, ein Stück vom Hirschkalb zu ergattern, sollte zuschlagen. Denn dies ist besonders zart, wird aber selten angeboten - es sei denn, man hat einen Jäger in der Familie.

Hirschhornsalz So natürlich es auch klingen mag: Hirschhornsalz wird heute voll und ganz chemisch hergestellt. Früher hat man das Backtriebmittel aber tatsächlich aus geraspeltem Hirschgeweih gewonnen. Hirschhornsalz benutzt man statt Backpulver, wenn das Gebäck nicht so sehr in die Höhe gehen soll, vor allem für Lebkuchen. Nicht geeignet für Kuchen und anderes hohes Gebäck, da ein Ammoniakgeschmack zurückbleiben kann! Eine Alternative zu Hirschhornsalz ist → Pottasche.

Hirse Lange Zeit als Arme-Leute-Getreide verschrien, wurde die Hirse von Naturkostanhängern wiederentdeckt und ist heute eine beliebte Alternative zu Reis, die vor allem durch ihren leicht nussigen Geschmack besticht. Man kocht sie mit Wasser und Salz oder bereitet mit Brühe und Gemüse nach Belieben ein feines „Hirsotto" zu. Gern benutzt man Hirse auch für eine Variante des Tabouleh-Salats (→ Bulgur). Da Hirse kein Gluten enthält, eignet sie sich bestens für Menschen, die auf dieses Klebereiweiß verzichten müssen.

Holunder Im Frühsommer bringen schon die Blütendolden ein blumiges Aroma in die Küche. Man kann sie in Pfannkuchenteig zu Hollerküchle ausbacken oder ganz einfach selbst Holundersirup und -sekt herstellen. Holunderbeeren (Fliederbeeren) ergeben einen gesunden (viel Vitamin C!) und schmackhaften Saft, der im Winter wärmt und außerdem Wildsaucen eine fruchtige Note verleiht.

Honig Die Natur hat den Honig eigentlich als Nahrung für die Bienen erfunden, doch auch wir Menschen haben daran Gefallen gefunden. Diesem natürlichen Nahrungsmittel darf absolut nichts hinzugefügt oder entzogen werden, aber dennoch gibt es gewaltige Qualitätsunterschiede - je nachdem, wo und wie der Honig gewonnen wird. Wichtig ist vor allem, dass er nicht durch Erhitzen gewonnen ist; man wählt also einen Schleuder- oder noch besser einen Tropfhonig. Die Konsistenz ist dagegen reine Geschmacksache. Farbe und Aroma werden in erster Linie von den Pflanzen bestimmt, denen der Blütennektar entstammt. So ist Lindenblütenhonig sehr hell und mild, Tannen- oder Waldhonig dagegen dunkel und würzig. In der Küche ist Honig mit seinen Enzymen und Mineralstoffen eine gesunde Alternative zum Zucker (auch wenn er selbst etwa 80 Prozent Zucker enthält). Er eignet sich als Brotauftstrich, zum Süßen von Tee, Desserts, Milchprodukten und Gebäck und gibt in kleinen Mengen auch Gemüse- und Fleischgerichten eine feine Note. Außerdem wird aus dem süßen Elixir seit Urzeiten der Honigwein Met hergestellt. Um die gesunden Nährstoffe zu bewahren, sollte Honig nicht auf über 40 Grad erhitzt werden. Dies gilt auch, wenn man auskristallisierten Honig wieder verflüssigen möchte.

Hopfensprossen Erst in jüngster Zeit hat man die Sprossen der Hopfenpflanze wieder als Delikatesse entdeckt, vor allem in der bayerischen Holledau. „Hopfenspargel“ wird im März und April geerntet und muss sofort verarbeitet werden. Der Geschmack liegt zwischen Sojasprossen und Weißspargel. Auf den Tisch kommen die zarten Sprossen als Suppe oder Salat, in Crêpes oder Rührei oder mit Schmand und frischen Kräutern als Gemüsebeilage, die gut zu Fleischgerichten passt.

Huhn Es gibt wohl keine Kultur auf der Welt, in dem das Huhn nicht ein erlaubtes und beliebtes Nahrungsmittel wäre. Geflügelhändler unterscheiden zunächst zwischen Brat- und Suppenhuhn.

WAS SIND HERRGOTTSBESCHEISSERLE?

SCHUPFNUDELN
SEMMELKNÖDEL
KNÖPFLE
MAULTASCHEN

Suppenhühner sind „ausgediente“ Legehennen, deren aromatisches Fleisch Suppen ein gutes Aroma verleiht und sich für Hühnerfrikassee eignet. Als Brathühnchen oder -hähnchen werden die jungen Tiere bis 1200 Gramm vermarktet. Sie sind sehr fleischreich und eignen sich wunderbar zum Braten und auch als Backhähnchen. Sind sie gemästet und schwerer als 1200 Gramm, nennt man sie Poularde. Königin der Hühner ist für Feinschmecker das Bresse-Huhn aus Frankreich, das mit Mais oder Buchweizen gemästet wird. Als zarte Ein-Portionen-Hähnchen sind Stubenküken eine Delikatesse: junge Hühner mit einem Gewicht von maximal 650 Gramm.

Neben ganzen Brathühnern sind heute die verschiedensten Teile vom Hähnchen für unterschiedliche Zubereitungen gefragt: Die zarten Hühnerbrüste eignen sich gut zum Braten und Grillen, können aber schnell trocken werden. Mit Sauce ergeben sie feine Ragouts und Currys. Für Ofen- und Pfannengerichte sowie zum Garen in Wein bieten sich Hühnerschenkel mit Brustfleisch an, und die einst unbeliebten Flügel erleben in jüngster Zeit als frittierte Chicken Wings eine wahre Renaissance. Verwenden kann man auch die Innereien, vor allem Hühnerleber - gebraten als Vorspeise oder durch den Fleischwolf gedreht für Pastete.

Hummer Den König der Krustentiere kauft man am besten lebend - auch wenn es schwerfallen mag, das Tier ins kochende Wasser zu befördern. Besonders lebhafte Exemplare weisen daraufhin, dass sie auch recht frisch gefangen wurden und nicht schon lange im Käfig vegetiert und dabei Fleisch abgebaut haben. Handelsübliche Exemplare wiegen meist zwischen 750 und 1500 Gramm und reichen für ein bis zwei Personen. Hummer wird entweder im Gemüsesud oder in Salzwasser gegart bis sich der Panzer leuchtend rot verfärbt hat. Zum Essen benutzt man ein spezielles Hummerbesteck und lässt sich die Vorgehensweise am besten von einem Kenner zeigen. Will man wirklich alle essbaren Teile aus Panzer, Scheren und Schwanz genießen, kann ein Hummeressen durchaus zur abendfüllenden Angelegenheit werden. Auf Wunsch wird das Fleisch im Restaurant ausgelöst. So ist es auch die Basis für würzige Hummercocktails, -suppen und -salate. Ein Klassiker ist Hummer Thermidor, für das Hummerfleisch in der eigenen Schale mit einer Schalotten-Weißweinsauce gratiniert wird. Aus den Karkassen, also dem Panzer und anderen Resten, kann man einen Hummerfond oder Hummerbutter zubereiten.

I

Ingwer Dieses scharfe und zugleich süßlich-frisch schmeckende Gewürz stammt aus dem tropischen Asien. Die Sprossknollen kauft man am besten frisch und schält und schneidet sie erst kurz vor der Verwendung. Junge zarte Knollen kann man klein schneiden oder zerdrücken, größere und weniger feine werden in Scheiben geschnitten, mitgekocht und vor dem Servieren wieder entfernt. Ingwer würzt Gemüse, Fisch, Fleisch, Tofu, Reis und Suppen. Zu Sushi wird immer eingelegter Ingwer gereicht, und es gibt auch kandierten Ingwer als Süßigkeit. Gemahlener Ingwer wird für Gebäck verwendet und ist Bestandteil der meisten Curry-Mischungen. Bei Frieren und Erkältungen empfiehlt sich übrigens Ingwerwasser: Einfach geschälten Ingwer in Scheiben schneiden, zehn Minuten in Wasser köcheln lassen, vor dem Servieren etwas Zitronensaft und Honig zugeben.

Jakobsmuschel Sie gilt als eine der edelsten Muschelsorten und ist seit Jahrhunderten Symbol der Jakobspilger. Traditionell genießt man Jakobsmuscheln gratiniert, wobei auch der orangefarbene Rogensack (Corail) mitgegart wird. Am besten jedoch bewahren sie ihr sehr dezentes Aroma, wenn man das helle Muskelfleisch (Nüsschen) nur kurz anbrät und dann auf einem Salatbett serviert. Die Variationen in der Gourmetküche sind fast unbegrenzt, jedoch sollte man immer darauf achten, den zarten Geschmack nicht durch zu starke Aromen zu erdrücken. Sehr gut passen Safran oder Orange. Roh kommt das Fleisch der Schalentiere bei Sushi zum Einsatz.

Joghurt Viel zu schade, um nur für Müsli verwendet zu werden, ist dieses leicht säuerlich schmeckende Milchprodukt. Joghurt entsteht aus Milch, die durch Milchsäurebakterien dickgelegt wird, wobei tatsächlich nur rechtsdrehende Joghurtkulturen vom Kör-

per verwertet werden können. Für besonders feinen und milden Geschmack sorgt – wie bei so vielen Lebensmitteln – der Fettgehalt, weshalb fettreicher Joghurt besser schmeckt als Magermilchjoghurt. Dieser eignet sich aber bestens für Salatsaucen. Auch gebratenes Fleisch und Geflügel werden durch eine Joghurtmarinade wunderbar zart und würzig. Viele Saucen, Mayonnaisen, Cremes und Kuchenfüllungen bekommen durch einen Anteil Joghurt eine angenehm säuerliche Note. Der indische Joghurtdrink Lassi besteht aus mit Wasser verdünntem Joghurt – entweder mit Salz, gemahlenem Koriander und Kräutern oder süß, etwa mit pürierter Mango. Fruchtjoghurt lässt sich leicht aus neutralem Joghurt, geschnittenen oder pürierten Früchten und etwas Puderzucker oder Honig herstellen. Für Zaziki nimmt man am besten fetten griechischen Joghurt und dazu

In welchem Jahr wurde das deutsche staatliche Bio-Siegel eingeführt?

1990
2001
2005
2007

frische Gurken, Knoblauch, etwas Olivenöl, Salz und weißen Pfeffer.

Johannisbeere Die roten und gelben Varianten sind schon einfach vom Strauch gegessen ein gesunder Genuss. Besonders viel Vitamin C enthalten aber Schwarze Johannisbeeren. Und egal welche Farbe - sie schmecken in Konfitüren, Gelees, Desserts und Quarkspeisen sowie als angenehm säuerlicher Belag für Kuchen und Torten. Rote Johannisbeeren gehören in Rote Grütze. Johannisbeergelee ist Hauptzutat einer klassischen Cumberlandsauce, die kalt zu Fleisch serviert wird.

Johannisbrot Die Früchte des Carobbaums sehen aus wie überdimensionierte Bohnenhülsen, doch sie schmecken angenehm süß und können als Naschwerk gekaut werden. Man verwendet sie für Liköre und als Kakaoersatz; Johannisbrotkernmehl dient als natürliches Verdickungsmittel.

Jostabeere Diese relativ neue Kreuzung aus Schwarzer Johannisbeere und Stachelbeere wird meist in privaten Gärten angebaut und sieht aus wie eine überdimensionierte Schwarze Johannisbeere. Jostabeeren schmecken roh, ergeben aber auch sehr aromatische Konfitüren, Gelees, Säfte und Liköre.

Kabeljau Wenn er seine Geschlechtsreife noch nicht erreicht hat oder ein kleiner Geselle aus der Ostsee ist, heißt dieser Meeresbewohner Dorsch, als ausgewachsener Fisch aber ist er ein Kabeljau. Er gehört zu den beliebtesten Speisefischen der Deutschen, wird auch häufig tiefgefroren sowie in Form von Fischstäbchen angeboten. Am besten schmeckt er natürlich fangfrisch, denn er hat sehr schmackhaftes mageres Fleisch, das heute größtenteils in Form von Filets verkauft wird. Ganz klassisch-edel kann man ihn mit Hummersauce, Austern oder Trüffel servieren, im Alltag tut's auch eine feine Dill- oder Senfsauce. Außerdem verträgt er sich mit fast allen Gemüsearten und wird häufig überbacken oder gratiniert.

Kaffee Nein, die koffeinhaltige Bohne ist getrocknet, geröstet und gemahlen nicht nur Basis eines anregenden Getränks oder bestenfalls noch als Zutat für Mixgetränke, Desserts und Kuchen geeignet. Es gibt durchaus auch herzhafte Rezepte mit Kaffee, etwa Spaghetti oder Entenbrust mit Kaffeesauce, Lachs im Kaffeemantel oder Lammfilet mit Kaffee-Chili-Kruste - teils mit frisch gemahlenem Kaffeepulver, teils mit starkem Espresso, aber auch mit Instant-Kaffeepulver. In jedem Fall sollte Kaffee immer frisch gemahlen werden, damit er sein volles Aroma behält.

Kaffirlimettenblätter Kaufen kann man die dunkelgrünen aromatischen Blätter der Kaffirlimette frisch im Asienladen. Sie sind in Thai-Currys unverzichtbar und haben einen frischen Geschmack mit einem Touch Limette. Die Blätter lassen sich ganz leicht zu Hause trocknen. Kühl und trocken aufbewahrt, hat man sie so immer zur Hand.

Kaisergranat Es ist etwas kompliziert mit diesem Krustentier, denn unter den Krebs- und Hummerverwandten herrscht Begriffsverwirrung. Korrekt ist es, den Kaisergranat auch Scampo (Plural Scampi, aber nicht mit Garnelen verwechseln!) zu nennen, falsch ist die Bezeichnung Hummerkrabbe und missverständlich Langoustine, da damit oft auch große Garnelen bezeichnet werden. Jedenfalls ist dieser Tiefseekrebs mit dem Hummer verwandt, sieht diesem mit seinen zwei Scheren sehr ähnlich, ist aber deutlich kleiner. Das kostbare Fleisch versteckt sich im Schwanz, während die Scheren meist nicht viel hergeben. Wenn man im Handel "Langustenschwänze" sieht, bekommt man meist das Schwanzfleisch vom Kaisergranat - und nicht von der → Languste. Auf den Tisch kommt Kaisergranat sanft gegart - entweder in Cocktails als Vorspeise, gegrillt oder überbacken.

Kakao Aus Mexiko stammt die Kakaobohne ursprünglich, wo die Azteken ihre Trinkschokolade nicht mit Milch und Zucker, sondern mit Wasser und Chili bereiteten - bei uns heute wieder schwer in Mode. Kakao wird in großen Mengen zu Schokolade und Süßigkeiten verarbeitet. Im Handel bekommt man reinen Kakao - meist entölt - in Pulverform und verwendet ihn hauptsächlich zum Backen und für Süßspeisen. Kuvertüre besteht aus Kakaomasse, Kakaobutter und Zucker und ist in Blockform oder in Schälchen zu haben. Zum Verarbeiten muss sie im Wasserbad leicht erwärmt werden. Unvergleichlich schmeckt nach wie vor ein heißer Kakao aus echtem Kakaopulver. Man muss sich aber nicht scheuen, das leicht bittere Pulver auch für herzhafte Gerichte zu verwenden. So besteht die mexikanische Mole-Sauce aus Schokolade, Nüssen und vielen Chilisorten und wird besonders gern zu Huhn gereicht. Rind- und Lammfleisch schmecken hervorragend mit einer Kakaokruste.

Woher kommen die teuersten Kaffeebohnen?

Aus dem Schweinedarm
Aus dem Katzendarm
Aus dem Pferdedarm
Aus dem Hundedarm

Kaki Diese ursprünglich aus Fernost stammende Frucht wird auch unter den Bezeichnungen Sharon und Persimone angeboten. Sie sieht aus wie eine große, helle Tomate und entwickelt ihr Aroma erst, wenn sie überreif ist. Zögern Sie also nicht, Früchte zu kaufen, die fast schon matschig sind, denn dann schmecken sie fantastisch süß. Man löffelt das Fruchtfleisch aus der Schale oder schält die ganze Frucht. Außerdem eignen sich Kakis für die verschiedensten Konfitüren, Desserts und Süßspeisen.

Kaktusfeige Wenn Sie Früchte des Opuntienkaktus ohne Reue genießen möchten, sollten Sie sich ihnen mit Samthandschuhen nähern. Auch ein Küchenhandschuh oder ein Handtuch tut seinen Dienst, denn Kaktusfeigen haben Dornen und winzige, fast unsichtbare Dornenhärchen. Man isst nur das Fruchtfleisch, indem man die Früchte halbiert und auslöffelt.

Kalb Hell, zart und mild aromatisch ist das Fleisch eines Jungrinds, das im Alter zwischen vier und zwölf Wochen geschlachtet wurde. Jedes Teil vom Kalb hat seinen besonderen Reiz und Geschmack, und es gibt Gerichte, die wirklich nur mit Kalbfleisch echt sind, darunter Wiener Schnitzel, Züricher Geschnetzeltes, Vitello Tonnato oder Saltimbocca a la Romana. Neben den Koteletts aus dem Rippenstück eignen sich zum Kurzbraten und Grillen vor allem Kalbsschnitzel und -medaillons aus der Keule sowie Steaks aus Filet und Nierenstück. Als Braten bietet sich der ganze Kalbsrücken im Stück an, und ein deftiger Genuss ist geschmorte oder gegrillte Kalbshaxe. Einige Teile vom Kalb gelten als ganz besondere Köstlichkeiten und haben ihre speziellen Zubereitungsarten. So etwa die von einem fetten Rand umgebene Kalbsbrust, die gern gefüllt und dann geschmort wird, oder Beinscheiben, die mit Mark geschmort werden und zum Beispiel als Ossobuco auf den Tisch kommen. Auch Kalbsleber, -zunge, Kalbsnierenbraten sowie → Bries und → Hirn wissen Liebhaber zu schätzen. Gekochtes Kalbfleisch harmoniert mit dezenten Beilagen wie Champignons, Steinpilzen oder Spargeln, zu geschmortem Braten dürfen es auch deftigere Begleiter sein. Es empfiehlt sich, Kalbfleisch immer bei einem Fleischer des Vertrauens zu kaufen, da sehr viel hormonbehandeltes Kalbfleisch im Umlauf ist, das erstens beim Garen schrumpft und zweitens nicht gesund ist. Kalbfleisch ist besonders leicht verdaulich und in gekochter Form sogar eine beliebte Krankenkost.

Kamut Dieser uralte Verwandte des Weizens ist heute vor allem bei Naturköstlern beliebt, da er mehr gesunde Nährstoffe enthält als normaler Weizen, vor allem 40 Prozent mehr Eiweiß, hochwertige Fettsäuren und viel Selen. Das „Hochenergie-Getreide“ mit seinen großen Körnern hat einen milden, leicht nussigen Geschmack und eignet sich zum Backen genauso wie für herzhafte Bratlinge.

Kaninchen Wenn man vom Stallhasen spricht, ist meist ganz einfach ein Hauskaninchen gemeint. Wildkaninchen kommt bei uns selten, eher noch in Spanien und Italien auf den Tisch. Dort findet man Kaninchen auch häufiger auf der Speisekarte. Dabei ist es so leicht zuzubereiten: Schon einfach im Ofen gebraten mit Knoblauch und

Kräutern schmeckt es vorzüglich, wobei Wildkaninchen ein deutlich stärkeres Aroma aufweist. Hauskaninchen dagegen hat helles, sehr zartes und fettarmes Fleisch mit sehr dezentem Geschmack und lässt sich deshalb mit den verschiedensten Saucen wie Weißwein-, Senf- oder Orangensauce kombinieren und auch gut als Ragout zubereiten.

Kapern Kapern sind nicht etwa die Früchte, sondern die Blütenknospen des Kapernstrauches, der im ganzen Mittelmeergebiet heimisch ist. Zur Konservierung werden sie zuerst in Salzlake, dann in Essig eingelegt. Als edelste Kapern gelten die kleinen Nonpareilles mit einem Durchmesser von höchstens 7 mm. Auch die Früchte des Kapernstrauches, die Kapernbeeren, mit bis zu 20 mm Durchmesser größer und nicht ganz so fein wie die edlen Knospen, finden immer mehr Anhänger. Ihre wichtigste Rolle spielen sie in der Sauce zu Königsberger Klopsen sowie bei Vitello Tonnato (Kalbfleisch mit Thunfischsauce und Kapern).

Kapstachelbeere Mit unserer Stachelbeere hat diese auch Physalis genannte Frucht nichts gemein. Viel näher in der Beschreibung kommen ihr Kinder, wenn sie sie als Lampionfrucht bezeichnen. Denn die orangegelben, leicht klebrigen Beeren verbergen sich unter einem bastartig eingetrockneten Blütenkelch. Zum Verkochen sind Physalis viel zu schade, man knabbert sie einfach von der Hülle ab, die winzigen weichen Kerne isst man mit. Natürlich eignen sich die dekorativen Exotinnen auch wunderbar zum Garnieren von Desserts und Käseplatten.

Kapuzinerkresse Dieses hübsche Gewächs aus Südamerika eignet sich nicht nur als Balkonpflanze, es ist auch auch eine aromatische Abrundung für Suppen, Salate und herzhafte Quarkspeisen. Die auffälligen gelben oder roten Blüten geben eine optisch ansprechende Garnitur ab – und das Beste ist: Man kann sie auch essen. Wie die Blätter der Kapuzinerkresse schmecken sie würzig mit leichter Schärfe.

Karambole → Sternfrucht

Kardamom In vielen asiatischen Gewürzmischungen darf dieses Samengewürz nicht fehlen, und es

Von welchem Komponisten stammt die sogenannte Kaffee-Kantate?

Wolfgang Amadeus Mozart
Johann Sebastian Bach
Johann Strauss
Ludwig van Beethoven

gelangt so in die unterschiedlichsten Fisch-, Fleisch- und Gemüsegerichte. Bei uns kennt man Kardamom eher als typisches Aroma der Weihnachtsbäckerei oder in Likören. Außerdem ist er gemeinsam mit Zimt, Ingwer, Nelken und schwarzem Pfeffer Bestandteil des klassischen Yogi-Tees. Im Orient wird auch Kaffee gern mit Kardamom aromatisiert. Wer den vollen Geschmack genießen will, kauft die ganzen Samenkapsel. Direkt vor der Verwendung werden dann die Samen herausgebrochen und gemörsert. Es gibt aber auch gemahlenen Kardamom im Handel, der vorsichtig dosiert werden sollte.

Karde Wenn man hört, dass dieses Gemüse Distelkohl heißt, mag man zunächst zurückschrecken. Doch keine Angst: Die Stacheln werden nicht mitgegessen. Die Karde ähnelt äußerlich dem Staudensellerie und ist in Italien und Frankreich sowie im Norden Spaniens eine beliebte Delikatesse (daher auch der Name Spanische Artischocke). Man benutzt nur die dickfleischigen Blattstiele, die man vorsichtig von den stacheligen Fasern befreit. Nach dem Säubern und Abziehen der Fäden werden die Blattstiele in Stücke geschnitten und mit etwas Zitronensaft gekocht, damit sie nicht braun werden. Allgemein passen die Zubereitungsarten von Spargel oder Schwarzwurzel. Besonders gut schmeckt die zart aromatische und sehr leicht verdauliche Karde in Bechamelsauce, mit feinen Kräutern (Estragon, Petersilie) oder mit einer Vinaigrette. In der spanischen Region Aragonien liebt man zum Weihnachtsmenü Karde mit Mandelsauce.

Karpfen Nicht nur in Deutschland ist der fetthaltige Süßwasserfisch beliebt. In China ist im Wurzelsud gekochter Karpfen ein typisches Neujahrsgericht. Heute kommt Karpfen meist aus Zuchtbetrieben, es gibt aber auch noch schmackhafte Exemplare aus Wildfang. Die gezüchteten Sorten Spiegel- und Lederkarpfen sind leicht zu verarbeiten, da sie wenige bzw. keine Schuppen haben. Karpfenrezepte sind wegen des sehr fettigen Fleischs meist eher von der deftigen Sorte. Die häufigste Zubereitungsart ist Karpfen blau, für die der ganze Fisch in einem Essig-Gewürzsud gegart wird. Sehr gut schmeckt der Fisch aber auch paniert, gefüllt, im Ofen mit Speck gebacken oder in Portionsstücke geschnitten und im Gemüsebett gegart. Besonders gut passen Rote Bete, Sellerie, Meerrettich und Kartoffeln.

Kartoffel Ohne diese nahrhafte Feldfrucht wäre Mitteleuropa wahrscheinlich längst verhungert. Vor allem in Norddeutschland und in den Niederlanden ist kaum eine Hauptmahlzeit ohne die vielseitige Knolle vorstellbar, auch wenn bei uns die Vielfalt der unterschiedlichen Sorten sehr zurückgegangen ist. Speisekartoffeln, in Teilen Süddeutschlands sowie in Österreich auch Erdäpfel genannt, werden nach ihren Kocheigenschaften unterschieden: Als fest kochend gelten die Sorten Linda, Sieglinde, Nicola und Hansa. Weil sie nach dem Kochen ihre Festigkeit und einen kernigen Biss bewahren, verwendet man sie für Pell-, Salz- und Bratkartoffeln sowie für Kartoffelsalate. Vorwiegend fest kochende wie Bintje, Desirée und Christa eignen sich ebenfalls für Pell- und Salzkartoffeln sowie für Pommes frites, Rösti, Kartoffelpuffer, Gratins und Aufläufe. Zu den mehlig kochenden Sorten gehören Adretta, Likaria, Aula und Irmgard. Durch ihren hohen Stärkeanteil bieten sie sich an für Püree, Knödel (Klöße), Gnocchi, Schupfnudeln, Suppen und Eintöpfe. Neue oder junge Kartoffeln werden in Mitteleuropa ab Mai bis Mitte August geerntet und können, wenn man sie gut bürstet, mit Schale gegessen werden.

Kartoffeln passen zu jedem Fleisch- oder Fischgericht, geben aber auch mit Gemüse oder einfach nur als Pellkartoffeln mit Quark oder Ofenkartoffeln wunderbare Hauptgerichte ab. Traditionelle Kartoffelsorten wie Bamberger Hörnchen sowie rot- oder blaufleischige Sorten wie Rote Emma oder Blaue Elise werden wieder häufiger nachgefragt und sind eine beliebte Überraschung für Gäste. Da sie beim Kochen viel Farbe verlieren, gart man sie nur in leicht siedendem Wasser und am besten in der Schale.

Da die Kartoffel zur Familie der Nachtschattengewächse gehört, sollte sie nicht roh verzehrt und vor dem Kochen von grünen Stellen befreit werden. Auch wenn man Kartoffeln pürieren oder zu Knödel verarbeiten möchte, sollte man sie nicht zu lange kochen. Sie platzen sonst auf und verlieren Stärke, Nährstoffe und Geschmack ans Wasser. Eine sämige Sauce ohne Butter und Mehl erhält man übrigens auf Basis von Kartoffeln, die man püriert und mit Brühe bis zur gewünschten Konsistenz verdünnt. Dann die gewünschte Geschmacksrichtung zugeben, etwa Senf, Kräuter oder Curry.

Kasseler Unter Kasseler versteht man gepökeltes und leicht geräuchertes Schweinefleisch, das von Nacken, Rippenstück, Schulter oder Bauch stammt. Es ist sehr beliebt in Kombination mit Sauerkraut oder deftigen Eintöpfen und muss nur kurz gekocht werden, da es ja bereits vorgegart ist. Lässt man es länger ziehen, vermittelt es den Speisen einen würzigen Räuchergeschmack. Ein leckerer Genuss

Woraus wurde ursprünglich Kefir hergestellt?

Kuhmilch
Stutenmilch
Ziegenmilch
Eselsmilch

auf dem Büfett ist in Brot- oder Blätterteig gebackenes Kasseler. Auf keinen Fall gehört Kasseler auf den Grill, da sich krebserregende Stoffe bilden können.

Kaviar Für diese teure Delikatesse geben Liebhaber ein kleines Vermögen aus - und was sie bekommen, sind kleine schwarze oder grau glänzende Körnchen, die nach Fisch schmecken. Echter Kaviar ist der gesalzene Fischrogen vom Stör, der vor allem im Schwarzen Meer und im Kaspischen Meer lebt. Am teuersten ist Beluga-Kaviar mit silbergrauen Eiern von drei bis vier Millimetern Durchmesser und hauchdünner Haut. Osjotr-Kaviar ist kleiner, von blauschwarz über dunkelgrün bis silbern gefärbt und wird wegen seines feinnussigen Geschmacks geschätzt. Nur stecknadelgroß sind die Eier beim Sevruga-Kaviar mit seiner grauen Schale. Alle Sorten des „schwarzen Goldes“ werden in kleinen Dosen verkauft und von echten Fans am liebsten einfach mit dem Löffel gegessen. Kaviar adelt aber auch Vorspeisen und gefüllte Eier als noble Garnitur. Preiswerter als die Eier vom Stör ist roter Lachskaviar, der von verschiedenenen Lachsarten gewonnen werden kann. Falschen oder „deutschen“ Kaviar, gern zum Garnieren verwendet, liefert der Seehase, ein Fisch, der wegen seines wenig schmackhaften Fleischs nicht vermarktet wird.

Kefir Ursprünglich hat man dieses Sauermilcherzeugnis in den Steppen Mittelasiens aus Stutenmilch hergestellt, was manche Völker bis heute praktizieren. Bei uns wird aber Kuhmilch mit einem speziellen Hefepilz versetzt und vergoren. So kann man Kefir ganz einfach selbst zu Hause herstellen. Er schmeckt säuerlich, ist sehr erfrischend und prickelt ein wenig, da die Hefe Kohlensäure entstehen lässt. Nicht wundern, wenn sich der Deckel von gekauftem Kefir wölbt: Die Hefepilze wirken weiter, die entstehende Kohlensäure breitet sich im Becher aus. Als Getränk schmeckt Kefir wunderbar mit pürierten Früchten oder mit frischen Kräutern und ein wenig Salz. Er eignet sich auch für Salatsaucen und zum Verfeinern von Backwaren (Brötchen, Muffins, Pfannkuchen). Übrigens enthält Kefir durch die Hefegärung eine kleine Menge Alkohol, die auf über 2 Vol.-% ansteigen kann.

Kerbel Vor allem in der beliebten Kerbelsuppe und in feinen Fischsaucen kommt dieses feinblättrige Küchenkraut wunderbar zur Geltung. Der Geschmack erinnert an eine Kombination aus Petersilie und Anis. Er bereichert auch Salate, Frühlingsgemüse, Kalbfleisch, Geflügel und Fisch sowie Omeletts, Kräuterquark und Kräuterbutter. Er gehört außerdem in die Kräutermischung „Fines Herbes“ (→ Kräutermischungen).

Was bedeutet die Kampagne „5 am Tag"?

Fünf Getreidesorten am Tag essen
5 x pro Tag eine Portion Obst und Gemüse
Fünf Liegestützen am Tag
5 x pro Tag Milch trinken

Kichererbse Durch den Erfolg der orientalischen Küchen landet die Kichererbse zunehmend auch in europäischen Töpfen. Die zarte elfenbeinfarbene Hülsenfrucht mit ihrer unregelmäßigen Form ist Hauptzutat der Kichererbsenbällchen namens Falafel sowie des arabischen Hummus, ein Mus aus pürierten Kichererbsen, Sesampaste (→ Tahin), Olivenöl, Zitronensaft, Knoblauch, Petersilie, Kumin und Salz. Sie darf in keinem marokkanischen Couscous fehlen, ergibt mit Fleisch und Gemüse deftige Eintöpfe und passt vorgegart gut in frische Salate. Wer sich das stundenlange Einweichen und Kochen getrockneter Kichererbsen ersparen möchte, greift zu den preisgünstigen und praktischen Konserven.

Kirsche Immer wieder wird sie mit dem Herzen in Verbindung gebracht, was wohl vor allem der Form knackig-süßer Herzkirschen zu verdanken ist. Das Herz erwärmen heute unzählige Sorten - von den kleinen, festen Knorpelkirschen über saftige Herzkirschen bis zu Sauerkirschen, deren wichtigste Sorte die Schattenmorelle ist. Da Kirschen nicht nachreifen, achtet man beim Kauf auf vollreife und dennoch feste Früchte. Die Verwendungsmöglichkeiten sind schier unbegrenzt: Kirschen schmecken roh in Obstsalaten, gekocht in Konfitüren und Gelees, als aromatische Komponente in Kuchen, Torten, Strudel, Knödel bis hin zu Süßspeisen wie Kaltschalen oder Rote Grütze. Kult ist der „Kirschenmichel", ein Auflauf aus altbackenen Brötchen oder Brot, Kirschen, Butter, Milch, Ei und Zucker, der im Ofen gebacken wird. Ihre herzhaften Qualitäten entfalten Kirschen in einer Sauce zu Ente oder Wild

Kiwi Die neuseeländische Frucht par excellence wird mittlerweile auch in Südeuropa angebaut und gedeiht sogar in einigen deutschen Gärten. Kiwis sind reif, wenn das Fruchtfleisch unter der Schale auf leichten Druck nachgibt. Die frischen Früchte werden einfach halbiert und dann aus der Schale gelöffelt. Sie sind eine farbliche und geschmackliche Bereicherung für Obstsalate, Müsli und Käseplatten, mit etwas Puderzucker püriert ergeben sie ein feines Topping für Eis und andere Süßspeisen.

Knoblauch Das würzige Zwiebelgewächs ist aus der Küche nicht wegzudenken und darf in mediter-

ranen Speisen genauso wenig fehlen wie in Schweinebraten oder Spinatgerichten. Eine Hauptrolle spielt es bei Knoblauchbrot, in Knoblauchsuppe und in der spanischen Knoblauchcreme Aioli. Besonders zart und mild ist junger Knoblauch, der samt Stängel und Schale verarbeitet werden kann. Trockenen Knoblauch muss man vor der Verwendung immer schälen. Beim Kauf darauf achten, dass die Schale unverletzt ist und dass die Zwiebel noch nicht gekeimt hat; Keimlinge im Innern unbedingt entfernen.
Die zart-saftigen Knoblauchzehen kann man je nach Verwendung nur leicht andrücken und ganz in den Topf geben oder je nach gewünschtem Effekt mit einem scharfen Messer in Scheiben oder kleine Würfelchen schneiden – niemals pressen! Soll Knoblauch mit angebraten werden, gibt man ihn erst relativ spät in Topf oder Pfanne, damit er nicht zu dunkel und bitter wird. Wer Knoblauch nicht gut verträgt oder den nachfolgenden Geruch mindern möchte, gart ganze Zehen inklusive Schale mit und entfernt diese vor dem Servieren. Auch das Kauen von Petersilie oder Minze nach dem Genuss soll helfen. Salate erhalten eine feine Knofelnote, wenn man die Schüssel vor dem Anmachen mit einer halbierten Knoblauchzehe ausreibt. Knoblauch gilt als wirksames Mittel zur Vorbeugung gegen Bluthochdruck, erhöhte Blutfett- und Cholesterinwerte.

Knurrhahn Nicht ein schlecht gelauntes Federvieh, sondern ein Fisch trägt diesen merkwürdigen Namen, da er in der Lage ist, mit seiner Schwimmblase knurrende Geräusche von sich zu geben. Der Knurrhahn ist bei uns nur selten zu bekommen, was ihn dann im Fall der Fälle sehr teuer macht. Mit seinem festen weißen Fleisch eignet er sich für Fisch-Suppen, zum Braten und Dünsten.

Kochwurst Im Gegensatz zur → Brühwurst fasst man unter Kochwurst alle Wurstsorten zusammen, bei denen die Fleischzutaten bereits vor der Verarbeitung zur Wurstmasse gegart werden. Erst anschließend werden Brät, Gewürze und andere Zutaten gemischt, was dazu führt, dass Kochwürste beim Erhitzen nicht schnittfest bleiben. Sehr gut sieht man das bei Blut- und Leberwürsten, die im Sauerkraut erwärmt werden, aber auch bei Zungenwurst, Schwartenmagen oder Thüringer.

Wofür benutzt der Kellner im Allgemeinen sein Kellnermesser?

Zum Brotschneiden
Zum Geflügelzerteilen
Zur Portionierung von Fisch
Zum Weinöffnen

Wo isst man das Fischgericht Kibbeling?

Dänemark
Schweden
Niederlande
Belgien

Kohlrabi Diese Sprossknolle gibt es im grünen, roten oder lilafarbenen Mantel, doch innen ist sie immer weiß bis hellgrün. Kleinere Knollen mit frischen knackigen Blättern bieten mehr Wahrscheinlichkeit, saftiges und nicht verholztes Gemüse zu erhalten als große Knollen ohne Laub. Junge Kohlrabi kann man mit Schale essen, sie müssen nur unter fließendem Wasser gut gebürstet werden. Ansonsten werden sie wie Äpfel geschält und dann geschnitten - je nach Verwendung in Scheiben, Würfel oder Stifte. Roh schmeckt Kohlrabi sehr erfrischend und ergibt köstlich-kühlende Salate und Rohkost, etwa zusammen mit → Sauerrahm und → Walnüssen. Geschält und in Streifen geschnitten bietet er sich zum Dippen an, zum Beispiel mit Gorgonzolacreme oder Curry-Dip. Scheiben kann man ganz einfach als Beilage braten. Gekocht oder gedünstet schmeckt Kohlrabi als Gemüsebeilage sowie in Suppen und Eintöpfen. Er hat dann ein zartes Kohlaroma. Die ganze Knolle lässt sich auch gut garen, dann aushöhlen und füllen. Stiele und Blätter bitte nicht wegwerfen, sondern gegen Ende der Kochzeit zufügen. Sie enthalten viele Vitamine und Mineralstoffe.

Kokosnuss Schon unsere Großmütter benutzten die aus den Tropen stammenden Kokosflocken für Gebäck, doch die ganzen Früchte der Kokospalme werden erst seit ein paar Jahrzehnten importiert. Die Kokosnuss ist botanisch gar keine Nuss, aber dennoch hat das weiße aromatische Fruchtfleisch einen leicht nussigen Geschmack, und man kann es roh essen. Kopra nennt man das getrocknete Fruchtfleisch, aus dem Kokosraspel und Kokosfett gewonnen werden. Kokosmilch ist übrigens nicht die Flüssigkeit im Inneren der Frucht (diese nennt man Kokoswasser und benutzt sie in den Tropen gern als Erfrischung und für Cocktails), sondern mit Wasser zermahlenes und dann ausgepresstes Fruchtfleisch. Es ist als Konserve erhältlich und unverzichtbar in vielen Suppen und Saucen der Thai-Küche sowie in Cocktails wie Piña Colada (mit Rum und Ananassaft). Das aus dem Fruchtfleisch gewonnene Kokosfett (Kokosöl) hat nicht viel Geschmack, da es nur in raffinierter Form genießbar ist. Man verwendet es aber gern zum Braten und Frittieren, da es viel Hitze verträgt. Außerdem wird es in diversen Bratfetten und in Margarine verarbeitet. Übrigens gehört die Kokosnuss zu den Lebensmitteln mit dem höchsten Gehalt an Selen.

Koriander Wenn in einem Rezept Koriander auftaucht, kann es sich um Kraut oder Samen handeln, die sehr unterschiedlich schmecken. Korianderkraut kommt vor allem in den Küchen Thailands, Marokkos und Mexikos zum Einsatz, wo es Saucen und Tunken, aber auch allen möglichen Fisch-, Fleisch- und Gemüsegerichten einen ganz besonderen Touch gibt. Korianderkraut ist sehr empfindlich, hält sich nicht lange und sollte dem Essen erst am Ende der Garzeit gehackt zugefügt werden. Koriandersamen, auch in Form von Pulver erhältlich, sind ein beliebtes Brot- und Lebkuchengewürz, Bestandteil von Curry-Mischungen und auch Würzmittel für Wurstwaren und Pasteten.

Kornelkirsche Mit unserer Kirsche ist sie nicht verwandt, aber die Kornelkirsche sieht aus wie eine ovale Kirsche und hat ebenfalls einen Stein. Das süßsaure Aroma nutzt man in Südeuropa, auf dem Balkan und im Orient für Konfitüren, Kompott und Säfte. Bei uns kennt man sie als Kratzbeere oder Kroatzbeere in Likören. Getrocknete Kornelkirschen schmecken in Müsli und Süßspeisen und sind mit ihrem säuerlichen Aroma auch eine schmackhafte Ergänzung für Fleischgerichte.

Kotelett Für dieses Stück Fleisch schneidet der Schlachter aus dem Rippenstück vom Schwein, Kalb oder Lamm etwa zwei Zentimeter dicke Scheiben – und zwar immer mit Knochen. Je nach genauer Lage heißt es dann beispielsweise Nacken- oder Lendenkotelett. Beliebt sind Koteletts nicht nur kurz gebraten (häufig paniert), sondern vor allem vom Grill. Den Fettrand sollte man, vor allem beim Schweinekotelett, auf jeden Fall mitbraten, denn er erhält das Fleisch schön saftig. Deftige Koteletts verdienen deftige Beigaben wie würzige Saucen und kräftige Gemüse (zum Beispiel Wirsing oder Brokkoli). Gepökeltes und geräuchertes Schweinekotelett heißt Kasseler-Kotelett.

Krabbe Allen Begriffsverwirrungen zum Trotz: Echte Krabben sind Krebstiere und haben nichts mit den kleinen Nordseegarnelen zu tun, die man irrtümlicherweise als Krabben bezeichnet. Krabben haben einen runden oder ovalen Panzer und zehn Füße, mit denen sie auf dem Meeresgrund spazieren gehen. In der Küche ist vor allem der Taschenkrebs beliebt, in Spanien auch die Meer- oder Seespinne. Sehr beliebt für Salate, Aufläufe und Suppen ist ausgelöstes und gegartes Krabbenfleisch, das als Crab Meat erhältlich ist und die Arbeit in der Küche sehr erleichtert.

Kresse → Brunnenkresse, → Gartenkresse, → Kapuzinerkresse

Kräutermischungen Nur zu gern rühmen sich bestimmte Regionen mit ihren ganz eigenen Kräutermischungen. Die Südfranzosen schwören auf ihre Herbes de Provence (Provence-Kräuter), bei denen Thymian, Lavendel, Rosmarin, Lorbeer, Oregano und Salbei nie fehlen dürfen. Sie werden häufig getrocknet verkauft. Fines Herbes sind eine klassische französische Mischung aus frischen gehackten Kräutern, zu denen meist Petersilie, Estragon, Kerbel und Schnittlauch, manchmal auch noch Basilikum, Thymian, Rosmarin und andere Würzkräuter zählen. Sie werden gern für Omeletts, Suppen, Saucen und Kräuterquarks verwendet. Unter einem Bouquet garni versteht man ein „verziertes Sträußchen" aus frischen Kräutern wie Petersilie, Thymian, Rosmarin und Lorbeer, das je nach Gericht durch andere Kräuter ergänzt wird. Diese werden zusammengebunden oder in ein Baumwollsäckchen gefüllt, als Würze Suppen, Saucen, Fonds oder Schmorgerichten beigegeben und vor dem Servieren wieder entfernt. Eine Variante des Bouqet garni ist das „Suppengrün", zu dem auch Lauch, Sellerie, Petersilienwurzel und/oder Möhren gehören. Die klassische Frankfurter Grüne Sauce, eine Art würzige Kräutermayonnaise, muss immer exakt sieben Kräuter enthalten: Petersilie, Schnittlauch, Kerbel, Kresse, Borretsch, Sauerampfer und Bibernelle. Manche fügen auch noch Dill, Estragon, Liebstöckel und/oder Zitronenmelisse bei. Die „Grie Sooß" passt zu kaltem Braten, Suppenfleisch, Backfisch oder einfach zu Pellkartoffeln.

Welches Kraut gehört nicht zu den Kräutern der Provence?

Thymian
Basilikum
Oregano
Rosmarin

Kreuzkümmel, Cumin Für viele ist Kreuzkümmel das arabische Gewürz schlechthin, das in keinem → Couscous fehlen darf. Zum Einsatz kommt er aber auch in der mexikanischen und in der indischen Küche, wo er Bestandteil von Curry-Mischungen ist. Kreuzkümmel ist mit dem europäischen Kümmel zwar verwandt, schmeckt aber völlig anders: Er hat ein starkes, bitter-scharfes Aroma – also vorsichtig dosieren! Eine feine Note gibt er Kartoffel-, Gemüse-, Geflügel- und Lammgerichten, außerdem schmeckt er herrlich in Tomatensauce.

Kümmel Ohne dieses verdauungsfördende Gewürz lägen manch einem Schweinebraten, Krautsalat oder Zwiebelkuchen schwer im Magen. Vor allem wegen dieser Wirkung gibt man die Samen an viele schwer verdauliche Speisen sowie an Brot und anderes Gebäck. Wer das sehr würzige Aroma nicht mag und dennoch auf die Wirkung des Kümmels nicht verzichten mag, kann das Gewürz in gemahlener Form verwenden. Und wer das Aroma besonders gern mag, trinkt nach dem Essen einen Aquavit, den skandinavischen Kümmelschnaps.

Kürbis Amüsanterweise gehören diese bis zu 100 Kilogramm schwer werdenden Kugeln zu den Beerenfrüchten. Der Speisekürbis, auch Riesenkürbis genannt, wird jedoch meist in kleineren Früchten oder in Schnitzen großer Früchte verkauft. Vor dem Kochen muss man die meisten Sorten schälen und schabt dann mit einem Löffel die Kerne aus. Dann kann man das Fruchtfleisch ganz nach Wunsch in Scheiben oder Würfel schneiden.
Da viele Speisekürbissorten wenig Eigengeschmack besitzen, werden sie süßsauer eingelegt oder zu pürierten Suppen und Currys verarbeitet, wobei vor allem die Gewürze fürs Aroma sorgen. Gut passen Kreuzkümmel, Kurkuma und Zimt sowie Gewürzmischungen wie → Curry. Auch Kürbisgemüse, Aufläufe, Gnocchi, mit Kürbis gefüllte Ravioli, Chutneys und Marmeladen profitieren von einer raffinierten Würzung.
In der Küche besonders beliebt ist der orangerotfarbene Hokkaido. Er muss nicht geschält, sondern nur gut abgebürstet werden, und hat eine angenehm feste, ein wenig mehlige Konsistenz und ein feines Aroma. Wie eine fliegende Untertasse sieht der Squash oder Patisson aus. Das weiße oder hellgrüne Fruchtfleisch schmeckt gegart ähnlich dezent wie → Zucchini und kann auch so zubereitet werden. Besonders dekorativ wirkt der Patisson gefüllt, da so die außergewöhnliche Form zur Geltung kommt. Der Butternuss-Kürbis (auch Butternut) zählt zu den Moschuskürbissen und ist wegen seines butterweichen Fleisches sehr geschätzt. Er eignet sich für Püree und kann gut im Ofen gebacken werden. Ein besonders merkwürdiger Geselle ist der Spaghetti-Kürbis. Sein Fruchtfleisch entwickelt beim Kochen spaghettiähnliche Fasern. Man kocht ihn im Ganzen und schabt danach die Fäden mit einem Löffel heraus. Dazu schmeckt stilecht eine Tomaten- oder Bolognesesauce. Cabello de ángel (Engelshaar) ist eine spanische Süßspeise, die aus den karamellisierten Fasern spezieller Kürbisarten hergestellt wird.

Kürbiskerne Vor allem in der Steiermark wird der Ölkürbis angebaut, der selten gegessen, sondern hauptsächlich für Kerne und Öl genutzt wird. Die Samen werden geröstet und als knackige Kerne über Salate gestreut oder für herzhaftes Gebäck verwendet. Exotischer sind Kuchen und Desserts mit Kürbiskernen, zum Beispiel Vanilleeis mit gerösteten Kernen und Kürbiskernöl. Neuerdings gibt es auch originelle Kreationen wie Knabberkür-

Wann wurde die erste deutsche Kochshow gesendet?

1953
1958
1967
1974

biskerne mit Schokoladenüberzug oder mit → Wasabi-Geschmack.

Kürbiskernöl Das dunkle braungrüne Öl wird aus den schalenlosen Kernen des Ölkürbis gewonnen und schmeckt intensiv nach Nüssen. Diese Spezialität der Steiermark passt hervorragend als Verfeinerung einer Kürbissuppe, zu Blattsalaten sowie Kartoffel- oder Rindfleischsalat. Wegen der dunklen Farbe sollte man Kürbiskernöl nicht mit Joghurt, Sahne oder Ähnlichem mischen (sieht einfach nicht schön aus) sowie immer erst kurz vor dem Servieren über den Salat träufeln. Dies gilt vor allem für Kartoffelsalat, der mit dem nussigen Öl zwar unvergleichlich gut schmeckt, aber eine unappetitliche Farbe annimmt, wenn man das Öl untermischt. Kürbiskernöl nicht zum Braten verwenden!

Kumquat Diese asiatische Zwergorange ist die kleinste Zitrusfrucht überhaupt und wird maximal 4 cm groß. Die dünne glatte Schale und die Kerne kann man mitessen. Besonders attraktiv wirken die pflaumenförmigen Früchte als Deko und in Fruchtsalaten. Sie bestechen durch ein sehr intensives herb-süßes Aroma.
Aus einer Kreuzung aus Kumquat und → Limette entstand die Limequat, die ebenfalls mit Schale verwendet werden kann, durch ihre herbe Säure aber vor allem bei Cocktails oder als saure Note in Saucen, Fischgerichten und Desserts zum Einsatz kommt. Die ähnlich aussehende Orangequat, eine Kreuzung aus Kumquat und → Orange, ist weniger sauer.

Kurkuma → Gelbwurz

Kutteln Im Süden Deutschlands, vor allem in Baden-Württemberg, und Europas haben diese Innereien, auch Kaldaunen genannt, noch richtig viele Anhänger. Es handelt sich dabei um den Vormagen (Pansen) vom Rind, in manchen Ländern auch vom Schaf. Beim Fleischer bekommt man meist die bereits gekochten und in dünne Streifen geschittenen Kutteln. Die Konsistenz ist ein wenig ledrig, der Geschmack eher neutral. In Süddeutschland schätzt man saure Kutteln als Eintopf und bereitet aus ihnen auch mit hart gekochten Eiern, Zwiebeln, Gewürzgürkchen, Essig und Öl einen deftigen Salat zu.

Lachs Einstmals eine teure Delikatesse, findet man Lachs heute auf jedem Büfett - vor allem in geräucherter Form. Die Qualitätsunterschiede sind allerdings frappierend, und auf keinen Fall sollte man billigen Zucht-Räucherlachs kaufen, der häufig durch eine schmierige Konsistenz auffällt. Wirklich etwas Besonderes ist dagegen geräucherter oder gebeizter Wildlachs, für den man schon ein paar Euro mehr hinlegen muss. Um den Bestand zu erhalten, ist allerdings Lachs aus Bio-Aquakulturen weitaus empfehlenswerter. Als Frischfisch eignet sich der Fisch mit dem zartrosa Fleisch für alle denkbaren Zubereitungsarten. Er schmeckt roh, etwa zu Sushi, aber auch gekocht oder gebraten. Auf jeden Fall sollte man ihn sehr sanft und nie zu lange garen. Lachs darf innen noch leicht glasig sein, dann hat er sein volles Aroma und ist schön saftig. Mit zunehmender Garzeit wird er trocken und zerfällt. Als Gewürz passen Dill und Curry besonders gut. Wegen seines hohen Gehalts an Omega-3-Fettsäuren, die beim Menschen Blutfettspiegel und den Blutdruck günstig beeinflussen und damit Herz-Kreislauf-Erkrankungen vorbeugen können, gilt Lachs als ganz besonders gesund. Der knallrote und extrem salzige Lachsersatz wird aus Seelachs hergestellt.

Lamm Durch den Einfluss der Küchen Südeuropas, Nordafrikas und des Vorderen Orients ist Lamm auch bei uns salonfähig geworden. Ein Lamm darf nicht älter als zwölf Monate sein; ein Milchlamm ist maximal sechs Monate alt und wurde nur mit Milch ernährt. Die zarten Lammkoteletts sollte man sehr sanft braten, sodass sie innen noch rosa sind. Für Lammbraten eignet sich am besten die Schulter. Als Schmorgericht aus dem Ofen schmeckt auch Lammkeule, die in der italienischen, griechischen und türkischen Küche gern mit den verschiedensten Gemüsen langsam gegart wird. Lammhackfleisch ergibt besonders köstliche Frikadellen, die viel Knoblauch vertragen. Außerdem passen zu Lamm mediterrane Kräuter wie Rosmarin oder Thymian. Hammelfleisch stammt von älteren Schafen, schmeckt meist sehr streng und wird in der irischen Küche für Eintopf (Stew) geschätzt.

Languste Die Languste ist eine Verwandte des Hummers, hat aber keine Scheren. Das sehr delikate, manchmal aber auch recht trockene Fleisch sitzt im Schwanzteil. Am besten kommt der Geschmack zur Geltung, wenn man fangfrische Langusten einfach im Salzwasser gart. Man kann die Krustentiere auch im Gemüsebett dämpfen oder grillen und kalte oder warme Saucen dazu reichen. In den Mittelmeerländern und der Karibik erfreuen sich auch Schmorgerichte großer Beliebtheit - auf den Balearen etwa gibt es einen Langusten-Topf (Caldereta) mit Tomaten, Knoblauch, Kräutern und einem Schuss Brandy.

Lauch Die langen grünen Stangen, die je nach Region auch Porree genannt werden, sind ein Zwiebelgewächs und haben ein ähnliches Aroma wie Gemüsezwiebeln. Gegessen wird der sogenannte Scheinspross oder Scheinstängel, von dem man sowohl die grünen als auch die weißen Teile verwenden kann. Lauch muss immer gut gewaschen werden - die grünen Abschnitte am besten im geschnittenen Zustand -, um auch letzte Reste an Sand und Erde zu entfernen. Lauch schmeckt als gedünstetes Gemüse und als Belag für eine herzhafte Quiche; er aromatisiert Suppen und Eintöpfe; gemeinsam mit Möhren und Knollensellerie gehört er zum „Suppengrün". Wunderbar schmecken in Weißwein sanft gegarte Lauchabschnitte als Beilage zu kurz gebratenem Fleisch; in Frankreich sind sie als Vorspeise ein Bistrotklassiker. Auch zu Pasta passt eine Sauce aus Lauch und Sahne, wahlweise mit Hackfleisch oder mit Schinken und Zucchini.

Lavendel In Mitteleuropa sind die getrockneten lilafarbenen Blüten für Kräuterkissen oder -sträußchen beliebt, und sie ergeben auch einen aromatischen Tee oder parfümieren eingelegte Pfirsiche. Als Gewürz in der Küche werden allerdings meist nur die Blätter ver-

WAS BESTELLT MAN ALS „HEISSE LIEBE"?

EINEN KUSS DER KELLNERIN
VANILLEEIS MIT HEISSEN HIMBEEREN
HEISSES ZWETSCHGENKOMPOTT
EINEN GLÜHWEIN MIT RUM

wendet, da die Blüten ein zu starkes Aroma haben. Auch die Blätter schmecken sehr würzig und ein wenig bitter, weshalb sie besonders gut zu Hammel, aber auch zu Fisch und Gemüse passen. Sie kommen vor allem in der südeuropäischen Küche zum Einsatz und sind Bestandteil der Provence-Kräuter.

Leinsamen Die klitzekleinen dunkelbraunen Körnchen sind die Samen der Flachspflanze. Verwendet werden sie vor allem zum Backen und in Müslimischungen. Die abführende Wirkung von Leinsamen beruht darauf, dass in der Samenschale Schleimstoffe enthalten sind, die durch Wasseraufnahme quellen (also viel dazu trinken!). Um diese freizusetzen empfiehlt es sich, die Samen zu schroten, bevor man sie über Joghurt oder Müsli streut. Aus den Samen wird auch goldgelbes Leinöl gewonnen, mit nussigem und leicht bitterem Geschmack, das besonders viele mehrfach ungesättigte Fettsäuren enthält. Es schmeckt in Quark zu Pellkartoffeln und auch als Salatöl – vorausgesetzt man mag den deutlichen Eigengeschmack. Am besten kleine Mengen kaufen und bald verbrauchen (im Kühlschrank aufbewahren!), da Leinöl schnell bitter und ranzig wird.

Lende → Filet

Liebstöckel Kurioserweise kennt jede Köchin und jeder Koch dieses Gewürz unter dem Namen „Maggikraut“, dabei enthält die bekannte Speisewürze gar keinen Liebstöckel. Das Aroma jedoch ist sehr ähnlich, und so benutzt man Liebstöckelkraut vor allem zum Würzen von Suppen, Eintöpfen, Saucen und Fleischgerichten sowie zum Einmachen von Gemüse. Aus den Wurzeln wird Suppengewürz hergestellt, die Samen dienen als Brotgewürz.

Limette In exotischen Cocktails wie Caipirinha oder Mojito hat diese saure grüne Zitrusfrucht auch bei uns ihren Siegeszug angetreten. Schale und Saft können in Küche wie die der → Zitrone verwendet werden, haben aber ein intensiveres Eigenaroma, das besonders Fischgerichten eine sehr feine Note gibt. Beliebt ist die Limette auch als schmackhafte Alternative zu Essig in Salaten und Marinaden.

Linsen Aus den kleinen Hülsenfrüchten lassen sich nicht nur deftige Eintöpfe mit Speck und Würsten, sondern auch viele leichte Köstlichkeiten zaubern. Besonders edel geben sich die winzigen grünen Puy-Linsen aus Südfrankreich, die ohne Einweichen schnell gar sind und sich mit ihrem nussigen Aroma bestens für einen lauwarmen Linsensalat eignen oder auch Fisch, Geflügel und Lamm wunderbar ergänzen. Weitere feine Sorten sind Beluga-Linsen, Champagner-Linsen und Berglinsen. Ein Klassiker der schwäbischen und auch elsässischen Küche sind braune Linsen mit Spätzle und Saitenwürstle (Wiener Würstchen) oder Kassler. Immer mehr Anhänger finden die aus Asien stammenden roten und gelben Linsen, die eine sehr kurze Kochzeit haben und gern für Currys, indisches Linsenpüree (Daal) oder würzige Suppen verwendet werden.

Litschi Erst in jüngster Zeit sind die asiatischen Früchtchen auch bei uns als Frischware erhältlich. Sie schmecken viel aromatischer als in Zuckerwasser konservierte Exemplare aus der Dose. Zum Genuss werden sie einfach geschält und roh gegessen - ohne den Kern.

Löffelkraut Die Blätter des Löffelkrauts sehen tatsächlich ein wenig aus wie Löffel, wachsen wild an nass-salzigen Standorten in Küstengebieten und schmecken deshalb leicht salzig. Zu kaufen bekommt man sie selten, man muss sie also selbst sammeln. Der kräftige, scharf-würzige Geschmack erinnert an Kresse und Senf. Löffelkraut passt in gemischte Salate, in Kräuterquark oder einfach gehackt auf Butterbrot. Es kann auch mit Gemüsen gekocht werden, etwa mit Kartoffeln und Karotten.

Löwenzahn Löwenzahn ist ein beliebtes Kraut zur Frühjahrskur, da er blutreinigend wirkt und den Stoffwechsel anregt (auch als Saft). Allerdings benutzt man die bitter schmeckende Pflanze nicht nur als Presssaft oder Tee. Schon unsere Urgroßmütter pflückten diese Wildpflanze im Frühjahr für einen vitaminreichen Salat. Da die Pflanze mit zunehmendem Wachstum sehr bitter und ungenießbar wird, sammelt man nur die ganz jungen Blätter vor der Blüte - natürlich von ungedüngten Wiesen. Weniger bittere Zuchtware kommt vor allem aus Nordfrankreich. Löwenzahn schmeckt ein wenig wie → Endivie und kann allein oder mit anderen Wildkräutern, etwa Brennessel und Sauerampfer, als Salat angemacht werden. Dazu passt eine Vinaigrette oder Joghurtdressing. Die Blätter lassen sich auch wie Spinat zubereiten oder bereichern Suppen, Eintöpfe und Kräuterquark.

Lollo Rosso Selbst die Italiener sind sich nicht einig, ob dieser Salat nun Lollo Rosso oder Lollo Rossa heißt. Auf jeden Fall hat er seinen Namen von den rot gefärbten Blättern oder Blatträndern. Lollo Rosso ist bei Eigenanbau ein Schnitt- oder Pflücksalat, verkauft wird er jedoch in losen Köpfen. Mit seinen stark gekräuselten Blättern wirkt er allein oder in gemischten Salaten sowie als Garnitur für kalte Platten und Sandwiches sehr dekorativ, genauso wie sein grüner Bruder Lollo Bianco bzw. Lollo Bianca. Die rote Variante schmeckt nussiger als die blonde und leicht bitter. Beide müssen vor der Zubereitung von Sand und Ungeziefer befreit werden. Hierzu am besten die Blätter einzeln abzupfen und dann unter fließendem Wasser gründlich waschen.

Lorbeer Das Gewürz der Sieger ziert nicht nur Gewinnerköpfe, die aromatisch duftenden Blätter sind auch ein wichtiges Gewürz. In den Mittelmeerländern kann man die Blätter frisch in Lorbeerwäldern pflücken, bei uns werden sie meist getrocknet verkauft oder sind als Pflanze im Topf erhältlich. Die Blätter sollten schön grün und keinesfalls grau oder braun sein. Man aromatisiert damit Suppen, Eintöpfe, Fleisch- und Fischgerichte sowie Fischsud und Marinaden zum Einlegen von Gurken, Heringen, sauren Gemüsen und Pilzen.

Lotuswurzel Von der Lotuspflanze, einer Verwandten der Seerose, sind viele Teile essbar. Blätter und Blütenknospen kennt man bei uns nicht, doch die Lotuswurzel ist frisch oder als Konserve im Asienladen erhältlich. In Scheiben geschnitten sehen sie sehr dekorativ aus, da so die Sauerstoffröhren der Pflanze als große Löcher sichtbar werden. Lotuswurzeln haben einen dezenten, leicht säuerlichen Geschmack und können für Salate, Saucen und Currys verwendet werden. Es gibt sie auch in Essig eingelegt.

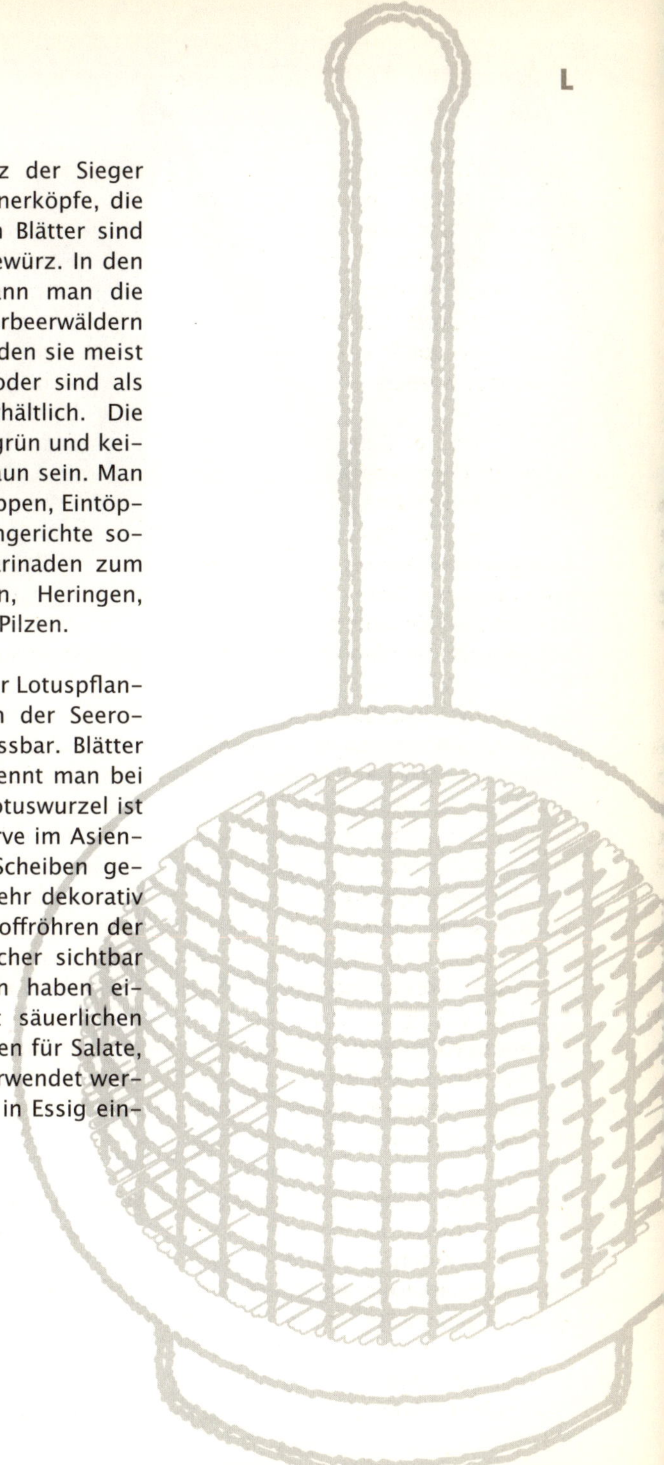

Macadamianuss Als edle und sehr teure Nüsse sind Macadamias zum Kochen und Backen viel zu schade. Da sie eine extrem harte Schale haben, kommen sie meist geschält auf den Markt. Am besten genießt man sie pur als Knabberei - nach Wunsch auch geröstet und gesalzen.

Mais Gemüse- oder Zuckermais kommt meist in Form von Maiskolben oder konservierten Maiskörnern auf den Markt. Gekochte oder gegrillte Maiskolben isst man einfach mit Butter und Salz, mit Crème fraîche oder - wie die Mexikaner - mit Limettensaft, Salz und Chilipulver. Als Partysalat beliebt ist eine Mischung aus Maiskörnern, geschnittenen grünen Paprikaschoten, Tomaten und Zwiebeln. Schnell zubereitet ist eine Maiscremesuppe aus mit Brühe püriertem Mais, Sahne, Muskat und einer Prise Cayennepfeffer. Die Italiener lieben Maisgrieß als → Polenta, die in Salzwasser gekocht als Beilage serviert oder in Scheiben geschnitten und gebraten wird. Konservierte Baby-Maiskölbchen nutzt die Thaiküche auch für Currys. Als Popcorn oder in Form von Tortillachips landet Mais auch in vielen Kinosesseln.

Maiskeimöl Dieses teure Speiseöl wird aus den Keimlingen von Maiskörnern gewonnen. Für die gesunde Ernährung ist kalt gepresstes Maiskeimöl zu empfehlen, denn es hat einen besonders hohen Gehalt an mehrfach ungesättigten Fettsäuren, allen voran Linol- und Linolensäure, sowie an Vitamin E. Um diese wertvollen Stoffe zu bewahren, sollte man das edle Öl nicht erhitzen, sondern nur für Salate und Quarkzubereitungen verwenden oder nach der Garzeit über fertige Gerichte träufeln.

Majoran Wie der volkstümliche Name „Wurstkraut“ verrät, wird Majoran seit jeher zum Würzen von Blut- und Leberwurst sowie von Leberknödeln, Fleischfüllungen und Pasteten verwendet. Auch Saucen und Suppen (vor allem Kartoffelsuppe!) schmecken köstlich mit Majoran - am besten, wenn er frisch aus dem eigenen Garten kommt. Jedoch erfüllt auch getrockneter Majoran durchaus seinen Zweck. Ägypter, Griechen und Römer versprachen sich von mit Majoran gewürztem Wein eine Steigerung der Liebeskraft.

Makrele Auf den Tisch kommt dieser fettreiche Hochseefisch bei den meisten Leuten als Dosenfisch oder als Räuchermakrele, die ein wunderbares Aroma aufweist. Dennoch geht nichts über eine frische Makrele, da sie sehr festes Fleisch und angenehm wenige Gräten hat. Man kann sie kochen, dünsten oder braten. Durch die Festigkeit der Makrele lässt sich der ganze ausgenommene Fisch auch gut am Holzstab grillen: der beliebte Steckerlfisch der Bayern.

Mandarine Die kleine Schwester der Orange ist eigentlich ihre Mutter. Denn erst aus der Vermählung von Mandarine und Pampelmuse entstand die Orange. Besonders beliebt sind die leicht schälbaren und kernlosen Satsumas und Clementinen. Mit ihren süß-säuerlichen Geschmack gehören Mandarinen frisch auf jeden Weihnachtsteller und schmecken gut in Obstsalaten. Für Desserts und Torten eignen sich auch Dosenmandarinen.

Mandel Kaufen kann man Süßmandeln in den unterschiedlichsten Formen: Mit oder ohne Schale, mit der braunen Samenhaut oder ohne, ganz, gemahlen oder als Stifte. Um die Kerne aus der Haut zu lösen gibt man sie für einige Sekunden in kochendes Wasser und gießt sie ab. Nun lassen sie sich ganz einfach auf der spitzen Seite aus der Schale drücken. Mandeln werden vor allem für süßes Gebäck verwendet, in der asiatischen Küche aromatisieren sie auch Fleisch- und Gemüsegerichte. Knabbermandeln gibt es süß und salzig. Klassiker auf Basis der schmackhaften Kerne sind gebrannte Mandeln und Marzipan. Bittermandelöl wird heute in der Regel nicht mehr aus Bittermandeln gewonnen, sondern meist aus Aprikosenkernen.

Mango Sie duftet wunderbar nach Urlaub - sofern die Qualität stimmt. Um sich nicht über geschmacklose Billigware zu ärgern, kauft man am besten Flugmangos. Sie reifen am Baum zu ihrer vollen Süße und landen dann per Flugzeug schnellstmöglich beim Verbraucher. Mangos bringen exotisches Aroma in Desserts und Fruchtsalate, passen aber auch zu herzhaften Geflügelgerichten, vor allem zu Huhn und Ente. In Mango-Chutneys verbindet sich die fruchtige Süße mit scharfen Gewürzen wie Chili und Ingwer.

Mangold Viele vergleichen ihn mit Spinat, was aber beiden Gemüsesorten nicht gerecht wird. Mangold schmeckt würziger, mit einer leicht bitter-erdigen Note. Die zarten Blätter kann man wie Spinat zubereiten. Für ein Gericht aus den Stängeln und Rippen werden diese von den groben Fasern befreit, blanchiert und in einer weißen Sauce serviert. Da Mangold heute in verschiedenen Farben zu haben ist, nutzt man ihn gern auch für Quiches, Aufläufe oder einfach als dekorative Gemüsebeilage. Er verträgt sich bestens mit Pasta, mit Fisch und mit Schafskäse.

Maniok Die Wurzelknolle eines ursprünglich südamerikanischen Strauchs wird je nach Anbauregion auch Cassaba, Kassave oder Yuca genannt und ist sehr stärkehaltig. Deshalb werden sie nicht nur als Gemüse zubereitet, sondern auch zu einer geschmacksneutralen Stärke verarbeitet, die man Tapioka nennt. Sie eignet sich als Basis für feine Fladen, als Zutat bei Süßspeisen oder als Soßenbinder.

Maracuja → Passionsfrucht

Marone Wenn es Winter wird, duften Maroni nach Wärme und Weihnachten. Die Edel- oder Esskastanien werden einfach kreuzweise eingeritzt und auf offenem Feuer oder im Ofen gebacken. Will man sie als Beilage zu Wild servieren oder den Weihnachtsbraten (Ente oder Gans) damit füllen, ritzt man sie ein und gart sie im kochenden Wasser oder im Ofen.

Was ist Manna?

- Teufelskraut
- Engelskeks
- Eine Süssspeise aus Mexiko
- Himmelsbrot

Danach lassen sie sich leicht schälen. Heutzutage kann man auch geschälte und vorgegarte Maroni kaufen. Wegen ihres süßlichen Geschmacks werden Maroni in Frankreich und Spanien auch glasiert und als Süßigkeit (Marron glacé) verkauft. Gut schmecken sie auch püriert als Kastaniencreme und in Suppen (besonders würzig mit Zimt und Muskat).

Masala Meist nennen die Inder die Gewürzmischung, die in Europa als „Curry" verkauft wird, Masala und benutzen das Wort „Curry" nur für die damit zubereiteten Gerichte. Enthalten können diese mehr oder weniger scharfen Mischungen alle möglichen Kräuter und Samen - von Chilis und Knoblauch, über Ingwer, Kurkuma, Kardamom bis zu Korianderkraut und -samen, Zimt und Nelken sowie viele andere mehr. Man bekommt Masalas im Asienladen entweder als Mischung aus ganzen gerösteten Gewürzen, gemahlen oder als Paste aus frischen Kräutern und Samen. Am bekanntesten ist Garam masala, das immer schwarzen Pfeffer, Kardamom und Kreuzkümmel enthält. Die weiteren Zutaten variieren je nach Koch und Region. Garam masala wird gern zur Zubereitung von Lamm, Ziege, frischem Fisch, Kartoffeln oder Gemüse verwendet. Um das Aroma zu bewahren, am besten erst gegen Ende der Garzeit zufügen. Tandoori-Masala ist eine Würzmischung, mit der man Speisen mariniert, die im indischen Erdofen, dem Tandoori, gegart werden sollen, etwa das berühmte Tandoori-Huhn.

Mascarpone Auch wenn immer wieder Rezepte mit Ersatz für Mascarpone auftauchen - am besten schmecken Tiramisu oder feine Mascarpone-Cremes nur mit dem Original. Der Grund: Dieser Frischkäse wird aus reiner Sahne statt aus Milch hergestellt und schmeckt deshalb unvergleichlich cremig und mild. Am besten kommen seine Qualitäten in Desserts und Kuchenfüllungen zur Geltung, man verwendet ihn aber auch für Pastafüllungen oder zum Verfeinern von Suppen und Saucen. Für Tiramisù („Zieh mich hoch") schichtet man mit Espresso und Amaretto getränkte Löffelbiskuits abwechselnd mit einer Creme aus Mascarpone und Ei in eine Schale.

Maulbeere Schon im alten China wurde der Maulbeerbaum für die Seidenproduktion angebaut, da die Seidenraupe sich von seinen Blättern ernährt. Heute findet man Maulbeeren auch noch in Südeuropa. Die aromatischen Früchte, die es in schwarz oder weiß gibt, sehen nicht nur so aus wie Brombeeren, sie schmecken auch ähnlich. Wenn sie nicht frisch vom Baum gegessen werden, eignen sie sich als Füllung von Obstkuchen und Kleingebäck, zur Herstellung von Marmeladen, Gelees, Säften und Likören und schließlich für Pudding und Speiseeis.

Meerrettich Die Wurzel, in Teilen Bayerns und in Österreich auch Kren genannt, entfaltet schon beim Anschneiden oder Reiben ihre beißende Schärfe, für die ätherische Senföle verantwortlich sind. Zu gekochtem Fleisch wie Tafelspitz, zu Räucherfisch, in Salatsaucen oder zur Wurzelsuppe schmeckt frisch geriebener Meerrettich. Verarbeitet gibt es ihn nicht nur als cremige Paste, sondern auch in manchen Senfsorten. Die Japaner haben eine eigene Version: → Wasabi.

Melone Angesichts der bis zu zehn Kilogramm schweren Kugeln ist kaum zu glauben, dass Melonen Beerenfrüchte sind. Man teilt sie grob in Wasser- und Zuckermelonen ein. Die meist grünen oder grün gestreiften Wassermelonen sind bei uns als handliche Früchte von ein bis drei Kilogramm Gewicht im Handel, in türkischen Läden erhält man auch größere Exemplare. Sie haben ein rosafarbenes bis leuchtend rotes Fruchtfleisch, das gut gekühlt in Obstsalaten oder Drinks ganz besonders erfrischend ist, aber nur bei reif geernteten Früchten wirklich süß und aromatisch schmeckt. Da die

Kerne im ganzen Fruchtfleisch verteilt und für viele Genießer störend sind, werden kernarme Sorten immer beliebter.
Die süßen Cantaloup-, Netz- und Honigmelonen werden landläufig als Zuckermelonen bezeichnet. Ihre Schale reicht von gelb über hellgrün bis bräunlich, sie kann gerippt, genetzt, gesprenkelt oder warzig sein. Ein kleines Kunststück ist es, im Laden eine reife und damit schmackhafte Melone zu erkennen. Auf jeden Fall sollte sie auf leichten Druck nachgeben und am Nabel aromatisch duften, dann schmeckt das grüne, gelbe oder orangefarbene Fruchtfleisch herrlich süß.
Melonen sind gekühlt eine willkommene Sommererfrischung. Vor dem Genuss halbiert man die Frucht und schabt dann (bei Zuckermelonen) mit einem Löffel die Kerne heraus. Nun werden die Hälften in Spalten geschnitten, dann löst man mit einem Messer das Fruchtfleisch von der Schale und schneidet es dann in Würfel oder Scheiben, um es aus der Hand oder mit Messer und Gabel zu essen. Zuckermelonen machen sich auch gut als kleine Kugeln in Fruchtsalaten (hierfür gibt es spezielle Ausstecher) sowie in Sorbets und geeisten Fruchtsuppen. Außerdem harmonieren sie wunderbar mit Parma- oder Schwarzwälder Schinken sowie mit Fisch und Meeresfrüchten. Die Sorten mit orangefarbenem Fruchtfleisch sind besonders reich an Provitamin A.

Was sind Maultaschen?

Schwäbische Nudeln
Bayrische Klösse
Thüringer Hefegebäck
Österreichische Brötchen

Miesmuschel Die ovale blauschwarze Muschel mit einem spitzen Ende wird auch „Auster der Armen“ genannt - und sie ist wirklich sehr viel preiswerter zu haben. In Konsistenz und Geschmack haben die beiden allerdings nicht viel gemeinsam, und man isst das orangefarbene Fleisch der Miesmuschel immer gegart. Ganz klassisch ist es, sie im Weißweinsud mit Schalotten, Kräutern und Butter zu dämpfen (Moules marinière). Darüber hinaus gibt es viele Zubereitungsarten, etwa mit Bröseln und Parmesan gratiniert oder sogar in Sahnesauce mit Pilzen. In Brüssel, das bekanntlich gar nicht am Meer liegt, kennt man als beliebte Spezialität die Moules-frites: gedämpfte Miesmuscheln mit Pommes frites. Übrigens sollte man Miesmuscheln nicht allzu oft genießen, da sie Schadstoffe aus dem Meerwasser filtern und im Muskelfleisch ablagern. Vor dem Garen müssen alle auch nur ein bisschen geöffneten Muscheln aussortiert werden. Vergiftungsgefahr! Saison ist von Oktober bis März.

Milch In fast allen Regionen der Welt ernähren sich Menschen seit jeher auch von der Milch ihrer Nutztiere – ob Kuh, Schaf, Ziege, Esel, Stute, Rentier oder Kamel. Milch enthält neben unterschiedlichen Fettanteilen viel Eiweiß, Kuhmilch kann durch den hohen Kalziumgehalt Osteoporose vorbeugen helfen. Allerdings reagieren auch immer mehr Menschen mit Unverträglichkeiten und Allergien, können aber häufig Ziegen- und/oder Stutenmilch vertragen. Im Handel unterscheidet man Milch nach ihrem natürlichen (3,8 %) oder reduzierten Fettgehalt sowie danach, ob sie nur pasteurisiert oder auch ultrahocherhitzt wurde. Normalerweise wird Milch auch homogenisiert, sodass das Fett nicht aufschwemmt. Milch wird verwendet für Pudding, Brei und Süßspeisen, für Suppen und Saucen (vor allem Béchamelsauce) und in Backwaren. Außerdem nimmt sie sehr derb schmeckenden Nahrungsmitteln wie Hammel oder Innereien ein wenig von ihrer Strenge. Und nicht zuletzt ist Milch die Basis für eine riesige Palette an Milchprodukten – von Quark und Joghurt über Kefir und Buttermilch bis hin zu unzähligen Käsesorten aus aller Welt.

Minze Man tut diesem Kraut unrecht, wenn man nur von Minze spricht. Es gibt nämlich verschiedene Arten, die sehr unterschiedlich schmecken und auch unterschiedlich eingesetzt werden. Die klassische Pfefferminze schmeckt am allerbesten als Tee, in Kombination mit Schokolade, im Sorbet als Zwischengang oder auch als Aroma und Dekoration für Obstdesserts. Die sogenannte Nanaminze oder Arabische Minze, die man selbst anbauen oder getrocknet im Kräuterhandel kaufen kann, eignet sich zur Verwendung in der Küche besser als Pfefferminze und wird häufig in arabischen und nahöstlichen Gerichten verwendet, etwa im Bulgursalat Tabouleh oder in Minzjoghurt. Sie passt auch wunderbar zu Gurken, Tomaten, Kartoffeln, Hülsenfrüchten und Lammgerichten. In den beliebten Cocktail Mojito gehört eigentlich die spanische Minzsorte Hierbabuena, zur Not geht es aber auch mit Nana- oder Pfefferminze.

Mirabelle In Großmutters Garten war sie etwas ganz Normales, heute ist diese Steinfrucht fast schon eine Delikatesse. Sehr verbreitet sind sie noch in Lothringen. Die etwa kirschgroßen, kugelrunden, gelben Früchte zählen botanisch zu den → Pflaumen und schmecken ausgereift sehr süß mit leichter Säure. Sie schmecken als frisches Obst, ergeben feine Konfitüren, Kompotte, Chutneys und Kuchen und passen auch zu Schweinefleisch. Legendär ist französischer Mirabellenbrand.

Miso Diese salzige Würzpaste stammt aus Japan. Hergestellt wird sie aus Sojabohnen, die – manchmal noch zusammen mit Reis oder Weizen – mithilfe eines speziellen

Schimmelpilzes fermentiert werden. Es gibt dunkle, extrem salzige Varianten und helle, die ein wenig süßlich schmecken. Die Paste wird vor allem als Suppenwürze, aber auch für Salatsaucen verwendet. Die beliebte Misosuppe isst man in Japan schon zum Frühstück.

Mispel Sehr appetitlich sehen Mispeln mit ihrer bräunlich-ledrigen Schale nicht aus. Aber erst wenn der erste Frost die Früchte heimgesucht und hässlich gemacht hat, sind sie genießbar. Unter der Schale verbirgt sich dann süß-säuerliches Fruchtfleisch, das in Südeuropa zu Konfitüren und Säften verarbeitet wird. Roh wird dieses Kernobst nicht verzehrt.

Möhre Die orangefarbene Wurzel wird auch Mohrrübe, Karotte oder Gelbe Rübe genannt und zählt zu den wichtigsten Gemüsearten der Welt. Es gibt sie klein und groß, kugelig oder als lange Wurzel, hellgelb oder fast rot. Kleine junge Wurzeln werden nur mit der Gemüsebürste gereinigt oder gewaschen und geschabt. Derbere Exemplare am besten mit dem Sparschäler schälen. Dann immer sofort verarbeiten oder aber mit Zitronensaft beträufeln, damit sie nicht braun werden. Möhren schmecken gegart leicht süßlich und sollten immer mit etwas Fett zubereitet werden, um das fettlösliche Beta-Carotin für den Körper verfügbar zu machen.
Roh geraspelt schmecken Möhren als Rohkost, die sich gut mit kalt gepresstem Distel- oder Sonnenblumenöl, Zitronensaft, Honig und Walnüssen verträgt. Auch Orangen und Rosinen passen gut. Gekocht oder geschmort findet man Karotten in Suppen, Eintöpfen, Aufläufen und manchmal auch als Püree. Als Beilage besonders zart und edel sind Minimöhren, die im Ganzen mit dem grünen Kraut gegart und auch so serviert werden. Sie brauchen nicht mehr als etwas Salz und Butter und können auch mit Zucker glasiert werden. Ein Leipziger Allerlei ist undenkbar ohne Möhren. Die Schweizer nennen sie übrigens Rüblis und genießen sie auch süß im beliebten Rüblikuchen.

Mohn Früher gab man Kindern ein Säckchen mit in Milch gekochtem Mohn zum Lutschen, damit sie besser schliefen. Heute werden die winzigen blauschwarzen Samen des Schlafmohns ganz oder gemahlen vor allem für Gebäck wie Mohnkuchen, Strudel oder Brötchen benutzt. Sie schmecken leicht nussig.

Moosbeere → Preiselbeere

Morchel Diesen edlen Schlauchpilz kennt man vor allem durch die klassische Morchelrahmsauce zu Fleisch. Hierzu benutzt man meist getrocknete Spitzmorcheln, die sich als Würzpilze besonders gut zum Aromatisieren eignen. Frische Spitzmorcheln haben einen länglichen Hut mit tiefen Waben, sind leicht giftig und roh ungenießbar. Vor dem Kochen werden sie deshalb zuerst kalt gewaschen und dann blanchiert (Wasser wegschütten!), was auch Sand und Ungeziefer entfernt. Morcheln schmecken besonders gut mit Sahne und Sherry.

Mozzarella Dieser schneeweiße Frischkäse aus Italien ist zu einem Liebling der Küche geworden - auch wenn man im Supermarkt meistens völlig geschmackfreie Kugeln aus Kuhmilch erhält. Der „echte“ und nicht ganz billige Mozzarella wird allerdings aus reiner Büffelmilch gewonnen, schmeckt angenehm nach gesäuerter Milch und hat eine weniger gummiartige Konsistenz als Billigware. Mozzarella wird heute als Salatbeigabe oder Pizzabelag, zum Überbacken und auch für Saucen und Pastagerichte verwendet. Seinen Starauftritt hat er jedoch als „Caprese“: die weltweit beliebte Vorspeise aus Tomaten, Mozzarella, Basilikum und Olivenöl in den Farben der italienischen Nationalflagge.

Was ist Most?

Ein starker Früchtetee
Eine süsse Weinsorte
Frisch gepresster Fruchtsaft
Ein Traubenschnaps

Mu Err Man nennt diesen nahezu weltweit verbreiteten Speisepilz auch Judasohr oder Wolkenohrenpilz, denn frisch sieht er aus wie eine ausgeprägte Ohrmuschel. Bei uns wird er meist getrocknet oder in eingelegten Pilzmischungen verkauft und findet Eingang in viele Gerichte der asiatischen Küche. Da er sehr wenig Eigenaroma hat, harmoniert der Mu-Err-Pilz mit den verschiedensten Kräutern und Gewürzen.

Muskat Muskat ist nicht ein Gewürz, sondern zwei. Meist meint man damit Muskatnuss: Eine Prise frisch aus der Mühle genügt, um Kartoffelpüree, Blumenkohl, Kürbis, Pastinaken, Spinat oder Bechamelsauce den besonderen Pfiff zu geben. Auch Obstsalate und exotische Cocktails (Planters' Punch) gewinnen durch frisch gemahlene Muskatnuss. Von der gleichen Pflanze stammt aber nicht nur die Muskatnuss, also der Samenkern, sondern auch der leuchtend rote Samenmantel, den man fälschlicherweise Muskatblüte oder auch Macis nennt und ebenfalls als Gewürz verwendet. Macis schmeckt wie der Same, den es umhüllt, harzig und leicht bitter, jedoch milder. Es eignet sich zum Würzen von Fleischbrühe, Weißwurst und Weihnachtsgebäck. In der Karibik macht man aus dem orangefarbenen Fruchtfleisch des Muskatnussbaums Konfitüre. Wenn Sie Ihre Gäste nicht vergiften wollen, dosieren Sie Muskatnuss bitte spar-

DER ECHTE MOZZARELLA WIRD AUS DER MILCH WELCHEN TIERES GEWONNEN?

- KUH
- ZIEGE
- BÜFFEL
- SCHAF

sam! Erstens haben die Samenkerne ein sehr intensives Aroma, das schnell zu dominant sein kann, und zweitens ist Muskat in großen Mengen giftig.

Natron Das chemisch hergestellte Natriumhydrogencarbonat, auch Speisesoda oder Backsoda genannt, ist ein weit verbreitetes Triebmittel und Hauptbestandteil des Backpulvers. Eine Messerspitze Natron im Kochwasser lässt Hülsenfrüchte schneller weich werden und macht manche Kohlsorten sowie auch Käsefondue leichter verdaulich. Das schneeweiße Pulver ist auch in Brausepulver und Sprudeltabletten enthalten.

Nektarine Von außen lässt sich bei dieser Spezialform des Pfirsichs meist nicht erahnen, welche Farbe das Fruchtfleisch im Inneren hat, denn es gibt mehr als 100 Sorten des sogenannten „Nackt- oder Glattpfirsichs“. Grob unterscheidet man zwischen gelb- und weißfleischigen Sorten; der Geschmack reicht von säuerlich bis zuckersüß. Nektarinen werden meist roh als erfrischendes Sommerobst gegessen und passen gut in Obstsalate.

Nelke Wenn im Schlaflied „Guten Abend, gut Nacht“ die Bettdecke „mit Näglein besteckt“ wird, ist damit die Gewürznelke gemeint. Es handelt sich hierbei um die getrockneten Blütenknospen eines indonesischen Baumes, die sehr intensiv duften und schmecken. Am besten kauft man ganze Nelken, da sich das Aroma so am besten erhält. Gewürznelken benutzt man für Obstzubereitungen, Weihnachtsgebäck und Glühwein, sie bereichern aber auch Rotkohl, Fisch-, Fleisch- und Wildgerichte. Wegen des starken Aromas nur

Welchem Starkoch wird die Entwicklung der Nouvelle Cuisine zugesprochen?

Stefan Marquard
Paul Bocuse
Tim Mälzer
Jamie Oliver

NEBUKADNEZAR IST EINE BESONDERS GROSSE CHAMPAGNERFLASCHE. WIE VIEL LITER PASSEN HINEIN?

3 LITER
6 LITER
9 LITER
15 LITER

sehr sparsam verwenden und vor dem Servieren entfernen!

Nudeln, Pasta Die Auswahl an Nudel- oder Pastasorten ist schier unbegrenzt. Es gibt sie aus Hartweizen oder Dinkel, aus Weiß- oder Vollkornmehl, mit oder ohne Ei - und mittlerweile auch glutenfrei, etwa aus Mais, Reis, Buchweizen oder Kartoffelmehl. Für den Geschmack, vor allem aber für die Optik werden manche Teigwaren auch noch mit Tomate, Spinat, Safran oder Tintenfischtinte gefärbt. Nudeln mit Rippen oder Höhlungen, etwa Conchiglie (Muschelnudeln) oder Farfalle (Schmetterlingsnudeln), können besonders viel Sauce aufnehmen. Getrocknete Pasta gibt man in reichlich kochendes Wasser mit Salz, aber ohne Zugabe von Öl, da die Nudeln sonst später schlecht Sauce aufnehmen. Beim Abgießen etwas Kochwasser auffangen und damit die Pasta lockern, sollten sie zusammenkleben. Nicht abschrecken!
Glasnudeln werden aus Mungbohnenstärke hergestellt und zum Verzehr nicht gekocht, sondern nur in warmem Wasser eingeweicht und dann gebraten oder direkt in die Suppe gegeben. In Japan gibt es Nudeln aus Weizen- oder Buchweizenmehl (zum Beispiel Ramen und Soba) mit raffinierten Beimengungen wie grünem Tee oder Algen.

O

Okra Die grünen Schoten, die ein wenig aussehen wie kleine, an einer Seite zugespitzte Zucchini, werden auch Bamia, Gumbo oder Ladyfinger genannt und erinnern im Geschmack ein wenig an säuerliche grüne Bohnen. In Südosteuropa und der Türkei kombiniert man sie gern mit Tomaten und Knoblauch. Mit ihrem milden Geschmack bereichern sie jede Gemüsesuppe und passen besonders gut zu Rind- und Lammfleisch. Als Gewürze empfehlen sich Kreuzkümmel, Chili und Curry. Durch Blanchieren in Essigwasser reduziert man den beim Kochen der Schoten entstehenden Schleim. Beim Gumbo aus der kreolischen US-Südstaatenküche ist der Schleim erwünscht, denn er bindet den Eintopf aus Okra, anderen Gemüsen sowie Fleisch, Geflügel oder sogar Shrimps.

Oliven Frisch gepflückt sind Oliven ungenießbar. Deshalb werden sie nach der Ernte einer komplizierten Prozedur unterzogen und kommen immer eingelegt auf den Markt. Es gibt sie in Färbungen zwischen hellgelb, grün und rötlich bis zu dunklem Violett. Es gibt sie in Essig, Öl oder auch trocken, gewürzt mit vielerlei Zutaten von Knoblauch und Kräutern über Chili bis zu Zitrone. Vorsicht ist geboten bei „schwarzen" Oliven: Sind die Früchte einheitlich schwarzviolett gefärbt, so verdanken sie dies meist der chemischen Oxidation grüner Oliven. „Echte" schwarze Oliven sind heller, meist mit Farbschattierungen zwischen Grünbraun und Braunviolett. Da am Baum gereifte Früchte bei der Verarbeitung sehr empfindlich sind, haben echte dunkle Oliven ihren Preis. Oliven sind nicht nur ein beliebter Snack und eine würzige Zutat für Salate und herzhaftes Gebäck, sie entfalten ihre bittere Note auch besonders delikat in orientalischen Fleisch- und Gemüsegerichten.

Olivenöl Das sehr aromatische Speiseöl gilt als Inbegriff der mediterranen Küche und genießt beinahe schon Kultstatus, vor allem, wenn es aus Kreta oder aus der Toskana kommt. Allerdings sollte man sich vor allem vom eigenen Geschmacksempfinden leiten lassen und nicht so sehr von geschickter Werbung oder gar vom hohen Preis. Interessant kann es sein, Öle aus unterschiedlichen Olivensorten zu vergleichen; die unterschiedlichen Aromen können eine wahre Offenbarung sein.
Wer nur Olivenöl der Qualitätsstufe Extra Vergine kauft, erhält meist gute Qualität. Der Begriff „kalt gepresst“ wird kaum noch verwendet, stattdessen gibt man den Säuregrad an. Je niedriger der Säuregrad, desto milder und besser das Öl. Natives Olivenöl Extra hat den maximalen Säuregrad 0,8, enthält also nicht mehr als 0,8 Gramm Fettsäure pro 100 Gramm Öl. Außerdem muss es in Geschmack und Geruch absolut fehlerfrei sein. Gutes Olivenöl sollte nur bis höchstens 180° Grad erhitzt werden. Am besten entfaltet sich das Aroma, wenn man es erst nach dem Kochen über die Speisen gibt, vor allem bei Fisch und Gemüsegerichten. Auch bereichert Olivenöl – gemeinsam mit einem guten Essig oder Zitronensaft – fast jeden Salat und jede Marinade. Es enthält einen hohen Anteil einfach ungesättigter Fettsäuren, die den Cholesterinspiegel senken helfen und das Immunsystem stärken.

Was isst Obelix am liebsten?

Spanferkel
Wildschwein
Brathähnchen
Fischsuppe

Orange Apfelsine, also „chinesischer Apfel“, nennt man diese Zitrusfrucht, weil sie ursprünglich aus Südostasien stammt. Dort entstand sie durch eine Kreuzung aus → Mandarine und → Pampelmuse und ist heute weltweit die am meisten angebaute Zitrusfrucht. Als Frischobst sind saftige, kernlose und leicht schälbare Sorten beliebt – allen voran die Navel-Orangen mit ihrem typischen „Nabel“ an der Stelle des Blütenansatzes. Die weiße Innenhaut unter der Schale sollte man immer gut abziehen, denn sie kann bitter schmecken. Darüber hinaus gibt es spezielle Saftorangen und die sehr aromatischen Blutorangen. Diese sind herber und kräftiger im Geschmack als „blonde“ Orangen. Die Apfelsine ist roh ein gesunder Vitamin-C-Spender, aromatisiert Fruchtsalate, Desserts, Cocktails und Gebäck. Die äußeren Schalen (Zesten) werden als Gewürz genutzt. In der herzhaften Küche bestechen Orangen vor allem in Kombination mit Fisch und Geflügel, zum Beispiel bei Ente mit Orangensauce.

Oregano Besonders aromatisch schmeckt Oregano, den man auch Dost oder Wilden Majoran nennt, aus Wildwuchs in Süditalien. Kein Wunder also, dass er vor allem in der italienischen Küche verwendet wird und auf keiner neapoletanischen Pizza fehlen darf. Aber auch in der griechischen, spanischen und türkischen Küche kommt er zum Einsatz. In Mitteleuropa wird Oregano meist getrocknet gehandelt. Da er schnell an Aroma verliert, sollte er bald aufgebraucht werden. Oregano passt besonders gut zu Lammfleisch und mediterranen Gemüsen sowie zu Hülsenfrüchten und Käse.

P

Pak-Choi Vor allem in der asiatischen Küche nutzt man dieses Gemüse, das auch Senfkohl oder Chinesischer Blattsenf genannt wird. Es sieht ein wenig aus wie Mangold, schmeckt aber ähnlich wie → Chinakohl. Roh eignet sich Pak-Choi als Salat; für Gemüsegerichte oder als Beilage zu Fleisch dünstet man am besten zuerst die Blattrippen und fügt die geschnittenen Blätter später zu, damit sie nicht zu weich werden. Als Würze passen → Curry und → Sojasauce. Baby-Pak-Choi lässt sich im Ganzen zubereiten und sieht sehr dekorativ aus.

Palmherzen oder auch Palmitos schmecken roh leicht nussig, sind bei uns aber fast ausschließlich als Konserven in Salzlake zu bekommen. Mit ihrer zarten Konsistenz und dem milden, spargelähnlichen Geschmack eignen sie sich gut für Salate, am besten mit einer leichten Vinaigrette. Auch in Fisch- und Garnelencocktails sowie in Hühnersalat machen sie sich gut. Fürs kalte Büfett kann man sie mit rohem oder gekochtem Schinken umwickeln oder mit Schinken und Pilzen in einer Bechamelsauce überbacken.

Palmhonig Es ist reine Handarbeit, den Pflanzensaft von Dattel-, Honig- oder Kokospalme zu gewinnen. Dieser wird dann durch Kochen eingedickt und als Palmhonig (spanisch Miel de palma) angeboten. Man macht daraus Süßspeisen oder träufelt ihn ganz einfach über Gebäck und Desserts. Auch mit Käse verträgt er sich gut.

Pampelmuse Diese größte aller Zitrusfrüchte ist weniger saftig und süß als die → Grapefruit, welche aus der Kreuzung von Pampelmuse und Orange entstand. Und um es noch komplizierter zu machen: Im Handel findet man häufig auch Pomelos, eine Rückkreuzung aus Pampelmuse und Grapefruit. Pampelmusen genießt man frisch aus der Schale, eventuell mit ein wenig Puderzucker bestreut. Sehr gesund - ob pur oder in Mixgetränken - ist auch der frisch gepresste Saft.

Pangasius Viele Spitzenköche ignorieren die Existenz dieses Fisches, der erst in den vergangenen Jahren in Europa Einzug gehalten hat. Inzwischen ist der Süßwasserfisch aber nicht mehr aus der Küche wegzudenken. Pangasius wird in Thailand und Vietnam in Aquakultur gezüchtet. Er hat zartes und wohlschmeckendes Fleisch, wenige Gräten und ist aufgrund der Massenproduktion sehr preiswert. Zubereiten kann man ihn wie andere mild schmeckende Fischarten mit festem Fleisch.

Papaya Obwohl sie aus den Tropen kommen, findet man gute Papayas mittlerweile auch im Supermarkt. Da Papayas wenig Eigengeschmack haben, passen sie in fast jeden Salat - ob als pikante Vorspeise mit Schinken oder Garnelen oder als süßer Obstsalat. Sie brauchen immer etwas Säure; zum Pur-Essen kann man sie mit Zitronensaft beträufeln und nach Wunsch noch mit Zucker oder auch Chilipulver bestreuen. Reife Früchte sind nicht mehr grün und geben auf leichten Druck nach. Grüne, unreife Früchte eignen sich als Gemüse für Currys, Chutneys und Saucen. Papayas enthalten neben viel Provitamin A auch das eiweißspaltende Enzym Papain und sind eine ideale Katermahlzeit.

Paprika Der Oberbegriff steht auf der einen Seite für saftige Gemüseschoten, auf der anderen Seite für kleine, zumeist scharfe Würzschoten (→ Chili). Beim Gemüsepaprika sind gelbe und rote Schoten vitaminreicher und aromatischer als grüne, die ganz einfach unreif geerntet werden. Nicht nur gefüllt mit Hackfleisch oder Reis macht die Paprikaschote eine gute Figur. Gemüsepaprika schmeckt roh oder gedünstet, gebraten oder gegrillt und glänzt in einem feinen Schaumsüppchen durch sommerliche Farbe und wundervolles Aroma. Besonders gut verträgt sich Paprika mit Tomaten, Zucchini und Auberginen, etwa im mediterranen Gemüsetopf Ratatouille. Schwarz geröstete und dann geschälte und eingelegte rote Paprikaschoten gelten als Delikatesse in der spanischen Region Navarra (Pimientos del piquillo), in ganz Spanien genießt man kleine grüne Schoten aus Galicien, in Olivenöl gebraten und mit Meersalz bestreut (Pimientos de Padrón). In Südosteuropa isst man zu Fleischgerichten gern die Paprikapaste Ajvar. Gewürzpulver aus den roten Schoten werden vor allem aus Ungarn und Spanien unter der Bezeichnung Paprikapulver verkauft. Es kann je nach Gehalt am „Scharfmacher"-Stoff Capsaicin mild oder mehr oder minder scharf sein. Eingebürgert haben sich besonders die Begriffe „edelsüß" (span. dulce) und „rosenscharf" (span. picante). Außerdem gibt es viele verschiedene Würzsaucen und -pasten auf Paprikabasis. Unter → Chili fasst man scharfe Sorten Würzpaprika zusammen.

Paranuss Die wegen ihrer brasilianischen Herkunft auch Amazonasnuss genannte Frucht erkennt man an ihrer markanten dreikantigen Form. Da die Schale extrem hart ist, empfiehlt es sich, geschälte Kerne zu kaufen. Billiger und zum Backen und für Desserts ebenso geeignet ist Paranussbruch, also die Kerne in Stücken. Man verwendet Paranüsse wie Mandeln oder Haselnüsse, gern auch in süßen oder salzigen Knabbermischungen. Sie sind besonders fetthaltig.

Parasol Der Name dieses Speisepilzes bedeutet „Sonnenschirm", was auf den ausgeprägt großen Hut hinweist. Verwendet werden von diesem Vertreter der Riesenschirmpilze demnach auch meist nur die Hüte. Man kann sie dünsten oder panieren und braten. Roh sollte der Parasol nicht verzehrt werden.

Parmesan Aus Italien hat sich dieser würzige Hartkäse nach Norden verbreitet und gehört heute ganz selbstverständlich in den Genießer-Kühlschrank. Hergestellt wird er in der Region Parma aus roher Kuhmilch und muss mindestens zwölf Monate reifen, um die bröselige Konsistenz und das leicht scharfe Aroma zu entwickeln. Am besten kauft man Parmesan am Stück und reibt ihn dann nach Bedarf übers Essen. Parmesan ist unverzichtbar für viele Pastagerichte, kann zum Überbacken und Gratinieren verwendet werden und schmeckt auch pur nach dem Essen mit Früchten oder Feigensenf. Ein köstlicher Partygag: Spaghetti aus dem ausgehöhlten Parmesanlaib. Und auch wenn Puristen das nicht gerne hören: Als preiswerte Alternative kann man in der Küche auch Grana Padano verwenden.

WAS GIBT DEM KLASSISCHEN PESTO DIE GRÜNE FARBE?

PETERSILIE
THYMIAN
BASILIKUM
ROSMARIN

Passionsfrucht Bekannteste Vertreterin der Passionsfrüchte ist die Maracuja, deren exotischer Name nach Paradies klingt. Wegen ihrer Farbe wird sie auch Purpurgranadilla genannt. Da sie kaum nachreift, kauft man sie am besten vollreif, also wenn die Haut dunkelviolett und leicht schrumpelig ist. Gegessen wird das etwas schleimige Fruchtfleisch samt Kernen aus der Schale. Als Frischobst schmecken Maracujas säuerlich-exotisch. Ihr Aroma harmoniert mit Ananas, Banane und Orange und bereichert Fruchtsalate, Desserts, Säfte und Cocktails. Die Gelbe Granadilla ist saurer und wird meist zu Saft verarbeitet.

Pasta → Nudeln

Pastinake Fast war die Pastinake, auch Moorwurzel, Hirschhornröhre oder Hammelsmöhre genannt, in Vergessenheit geraten. Heute findet man sie wieder auf dem Wochenmarkt und im Naturkostladen. Die herzhaft und leicht süßlich schmeckenden Wurzeln werden wie Möhren gebürstet oder geschält und verleihen Suppen, Saucen und Eintöpfen eine kräftige Würze. Sie harmonisieren besonders gut mit Kartoffeln und Möhren. Schnell zubereitet ist ein Pastinaken-Kartoffel-Püree, das hervorragend zu Roastbeef, Tafelspitz oder Lamm passt. Echte Genießer bringen auch mal eine mit Curry verfeinerte Pastinakensuppe oder ein Pastinakensoufflé auf den Tisch.

Pekannuss Außen sehen Pekannüsse aus wie große Eicheln, die Kerne aber erinnern mit ihrer gehirnartigen Form an Walnüsse. Sie lassen sich leicht schälen und sind beliebt als Knabberei sowie als Ergänzung von Obstsalat. In ihrer Heimat USA verwendet man die Kerne im beliebten Pekankuchen (Pecan pie) sowie in Saucen und zum Panieren von Fisch oder Geflügel.

Pektin Dieses natürliche Geliermittel wird aus pflanzlichen Rohstoffen wie Apfelschalen, Zitrusfrüchten oder Rüben hergestellt. Es handelt sich dabei um Ballaststoffe, die in Verbindung mit Wasser aufquellen und zum Eindicken von Marmeladen, Gelees, Puddings und Cremespeisen, in der Industrie auch für Mayonnaise, Milch- sowie Light-Produkte dienen. Außerdem ist Pektin im handelsüblichen Gelier- und Einmachzucker enthalten.

Perlhuhn Obwohl dieser zierliche Verwandte des Haushuhns zum Wildgeflügel zählt, wird er heute meist in Käfigen gehalten und verliert so viel von seinem Wildgeschmack. Besser munden Exemplare aus Freilandhaltung, die man aber selten bekommt. Perlhuhn erinnert im Geschmack an Fasan und kann ebenso zubereitet werden. Da das Fleisch leicht trocken wird, sollte man das Tier vor dem Braten spicken oder mit Speck umwickeln und dann sanft schmoren oder im Ofen garen.

Pesto Klassischer italienischer Pesto ist eine Würzpaste aus Basilikum, Pinienkernen, Knoblauch, Parmesan, Olivenöl, etwas Zitronensaft, Salz und Pfeffer. Die Zutaten werden einfach im Mixer püriert und schmecken zu Pasta ebenso gut wie zu mediterranen Gemüsegerichten. Es lohnt sich auch, mal die Alternativen mit Bärlauch und Walnüssen, mit Petersilie und Mandeln oder auch Kürbiskern-Pesto zu probieren. Letzterer schmeckt vor allem als Würze für Gemüse wie Möhren, grünen Bohnen, Kartoffeln oder Spargel. Rotes Pesto ist eine Zubereitung aus getrockneten Tomaten. Pesto kann in einer größeren Portion hergestellt und in einem Schraubglas im Kühlschrank einige Tage aufbewahrt werden.

Petersfisch Man kann fast von Glück reden, dass man diesen Meeresfisch bei uns fast immer als Filet bekommt. Denn der ganze Petersfisch sieht mit seinen Stachelflossen, dem bulligen Kopf und dem großen Maul ziemlich furchteinflößend aus, und man würde sich vielleicht abhalten lassen ihn zu probieren. Dabei ist der Petersfisch mit seinem festen weißen Fleisch einer der delikatesten Speisefische überhaupt. Er wird auch Heringskönig genannt, da er sich von Schwarmfischen ernährt und sich deshalb im Meer gern in der Nähe von Heringen aufhält. Da er Fischern nur selten ins Netz geht, ist er sehr teuer. Das sehr zarte Aroma kommt am besten zur Geltung, wenn man Petersfisch pochiert, in Folie gart oder in Butter brät. Saucen und Gemüse sollten sehr dezent sein, um den feinen Fischgeschmack nicht zu übertönen.

Petersilie Kaum ein deutsches Gericht, zu dem dieses uralte Kraut nicht passen würde. Erhielt man lange Zeit - quasi als Universalgewürz - nur die krausblättrige Petersilie, die in jedem Kräuterbeet zu finden ist, erfreut sich heute auch die Blattpetersilie großer Beliebtheit. Sie hat einen intensiveren Geschmack, wogegen ihre krause Schwester als Dekoration sehr beliebt ist. Petersilie schmeckt in Suppen und Salaten, zu Gemüse, Fleisch und Fisch, zu Quark, Käse, Wurst. Man kann damit auch Fisch und Geflügel vor dem Garen füllen. Ganz viel Blattpetersilie braucht Tabouleh, der libanesische Salat aus Bulgur, Petersilie, Tomaten, Gurken, Zwiebeln, Zitronensaft und Minze. Petersilie gehört auch in die Frankfurter Grüne Sauce und ins Kräutersträußchen Bouquet garni (→ Kräutermischungen).

Petersilienwurzel Lange war sie fast vergessen oder nur ein unterschätzter Bestandteil im Suppengemüse. Dabei kann der süßlich-würzige Geschmack auch als Solist bestehen - zum Beispiel in einer passierten Suppe oder als Püree. Der Geschmack erinnert an eine Mischung aus Knollensellerie und Petersilie. Einfach in etwas Butter gebraten und mit Salz und Pfeffer gewürzt ergeben Petersilienwurzelscheiben ein schnelles leichtes Gemüsegericht.

Pfeffer Außer Salz ist der Pfeffer wohl das einzige Gewürz, das in nahezu jedem Rezept der herzhaften Küche zu finden ist. Schwarzer und weißer Pfeffer entstammen der gleichen Pflanze, wobei für die schwarze Variante unreife Beeren getrocknet werden. Weißer Pfeffer entsteht aus reifen Früchten, die eingeweicht, von der Schale befreit und dann erst getrocknet werden. Weißer Pfeffer ist milder und wird deshalb besonders gern für weiße

Saucen und gekochtes Fleisch verwendet. Um das volle Pfefferaroma genießen zu können, kauft man Pfeffer in ganzen Körnern und gibt ihn frisch aus der Mühle oder dem Mörser über die Speisen - am besten gegen Ende der Garzeit. Grüner Pfeffer wird sofort nach der Ernte in Salzlake gelegt, sodass er nicht trocknet und deshalb auch nicht braun oder schwarz werden kann. Am häufigsten benutzt man ihn für Pfeffersteak und Saucen. Ein einfaches und doch raffiniertes Dessert: frische Erdbeeren mit grünem Pfeffer. Die ausgereiften roten und ungeschälten Pfefferfrüchte sind sehr selten zu bekommen.
Als Farbtupfer kommt in Pfeffermischungen häufig der sogenannte Rosa Pfeffer zum Einsatz, der von einer völlig anderen Pflanze stammt, aber hübsch aussieht und sehr aromatisch ist. Auch der sogenannte Szechuanpfeffer ist mit dem Pfeffer botanisch nicht verwandt. Er ist scharf-prickelnd und wird in der chinesischen Szechuanküche für Nudel- und Fleischgerichte verwendet. Guineapfeffer ist ein Verwandter des Ingwers. Die sogenannten „Paradieskörner" haben eine milde Schärfe und ein köstliches Aroma, das vor allem Schmorgerichte bereichert. Kubebenpfeffer ist weniger scharf, dafür aromatischer, mit bitteren und Pimentaromen. Er ist Bestandteil der marokkanische Gewürzmischung → Raz-el-Hanout, ist aber auch in der indonesischen Küche beliebt. Auf Java, verschiedenen indonesischen Inseln und Sri Lanka wird er angebaut.

Pferdefleisch Immerhin noch rund 100 Pferdemetzgereien gibt es in Deutschland, doch nur ein kleiner Teil des Fleischs landet im Handel - anders als in Frankreich und der Schweiz, wo es leichter zu bekommen ist. Es kann wie Rindfleisch zubereitet werden, ist jedoch noch magerer und zarter und hat deshalb kürzere Garzeiten. Echten Rheinischen Sauerbraten bereitet man traditionell aus Pferdefleisch zu.

Pfifferling Ganz liebevoll nennen ihn die Bayern Reherl, die Schweizer sagen Eierschwämmle. Der bereits seit dem Altertum beliebte Speisepilz kommt heute meist aus osteuropäischen Ländern und dem Baltikum und zählt zu den schmackhaftesten Waldpilzen. Kleine Exemplare kann man im Ganzen verwenden, große werden klein geschnitten. Da Pfifferlinge oft mit viel Erde oder Sand behaftet sind, muss man sie vor dem Kochen gut reinigen. Am besten mit einem Pinsel säubern oder mit Küchenkrepp abreiben; nicht waschen! Pfifferlinge schmecken - mit Zwiebeln, Speck und Petersilie gedünstet - gut zu Fleisch, vor allem zu Wild, aromatisieren Suppen, Saucen und Eierspeisen, werden mehr und mehr auch mit Fisch kombiniert und passen bestens zu Nudeln, Serviettenknödeln und in Risotto.

Pfirsich Die samtige Haut dieser Steinobstfrucht ist sprichwörtlich, auch wenn es Spezialformen mit glatter Haut gibt (→ Nektarine). Als besonders aromatisch und edel gilt der Weinbergpfirsich, der sich sehr gut für Kompott und Konfitüre eignet. Wegen seiner dicken pelzigen Haut sollte man ihn auf jeden Fall vor Gebrauch häuten. Mit „Pfirsich Melba" huldigte der französische Küchenpapst Auguste Escoffier der australischen Opernsängerin Nellie Melba. Das Dessert besteht aus gedünstetem Pfirsich, Vanilleeis, Himberpüree und Sahne. Für „Kullerpfirsich", einen Partygag der 1950er-Jahre, wird eine reife Frucht mehrmals mit der Gabel eingestochen und dann mit Sekt oder Champagner aufgegossen. Durch die Kohlensäure rotiert der Pfirsich im Glas.

Pflaume Das unter diesem Oberbegriff zusammengefasste Steinobst ist in gelben, grünen und rot-violetten Sorten erhältlich und durchwegs ansehnlich und lecker. Die rote bis violette Rund- oder Eierpflaume schmeckt als Frischobst und ergibt würziges Pflaumenmus (in Österreich und Böhmen Powidl), Liköre und Obstbrände. Die länglich-ovale Zwetschge hat eine violette bis schwarzblaue Haut und gelbes süß-aromatisches Fruchtfleisch. Da sie beim Kochen nicht zerfällt, eignet sie sich besonders für Kuchen, Kompotte und süße Knödel sowie für Rumtopf. Man halbiert die Zwetschgen mit einem kleinen Messer, dann lässt sich der Stein bei reifen Früchten leicht ablösen. Trockenpflaumen werden für Müsli und Süßspeisen benutzt, geben aber auch Gerichten mit Rind- oder Lammfleisch eine besondere Note. Als Snack werden sie einfach mit Frühstücksspeck umwickelt und angebraten. Renekloden (auch Reineclauden) sind kugelrund, haben eine gelbe, grüne oder rote Haut, helles Fruchtfleisch und man genießt sie fast ausschließlich roh.

Wie werden Pfifferlinge in der Schweiz genannt?

Eierschwämmle
Schwammerl
Pfifferli
Eierpilze

Physalis → Kapstachelbeere

Piment Man nennt dieses Gewürz auch Nelkenpfeffer, was den Geschmack recht gut beschreibt. Sogar leichte Muskat- und Zimtnoten kann man herausschmecken, weshalb die Engländer Allspice („Allgewürz") sagen. Piment ist die ideale Würze für gebratenes Fleisch, Wurstwaren, Suppen und Saucen. Für Marinaden wird meist das ganze Korn verwendet. Auch Likören und Weihnachtsgebäck gibt Piment eine raffinierte Note.

Pimpinelle Dieses gefiederte Wildkraut hat viele Namen: Stein- oder Bockspetersilie, Bibernelle oder Pimpernelle, Pfefferwurzel oder Kleiner Wiesenknopf. Im Frühjahr jung geerntet schmeckt es frisch, erinnert ein wenig an Gurke und bereichert Salate, Suppen, Gemüse- und Fischgerichte sowie die Frankfurter Grüne Sauce. Die jungen Blättchen ergeben mit Öl und Essig oder Zitronensaft auch ein frisches Kräuterdressing.

Pinienkerne Die kleinen elfenbeinfarbenen Samen der Pinie sind so teuer, weil sie von Hand geerntet, aus dem Zapfen gepult und dann von ihrer harten Schale befreit werden müssen. Vor der Verwendung in Pasta-, Fleisch- oder Gemüsegerichten werden sie trocken in der Pfanne angeröstet (Vorsicht: Sie verbrennen schnell!). Neben Basilikum sind Pinienkerne eine der wichtigsten Zutaten im italienischen → Pesto; in der türkischen und arabischen Küche sind sie auch in Reisgerichten beliebt. Es sollten immer nur kleine Mengen zum sofortigen Verbrauch eingekauft werden, da Pinienkerne wegen des hohen Fettgehalts leicht ranzig werden.

Pistazien Aus dem Orient stammen diese kleinen, meist grünen Kerne mit der zerbrechlichen Schale, die man leicht von Hand abnehmen kann. Ein großer Anteil natürlich geöffneter Kerne in einer Packung weist auf gute Qualität hin. Verkauft werden Pistazien mit Schale, geschält und enthäutet und/oder gesalzen und geröstet. Man kann sie nicht nur nebenher knabbern, sondern auch für Gebäck und Speiseeis verwenden. Im Orient findet man Pistazien in vielen Süßigkeiten sowie in Reis-, Gemüse- und Geflügelgerichten. Und auch in echte Mortadella gehören die grünen Kerne.

Pitahaya Diese bei uns noch recht unbekannte tropische Frucht wird auch Drachenfrucht genannt. Sie stammt von einer mittelamerikanischen Kakteenart. Die Stacheln werden vor dem Verkauf allerdings entfernt, und übrig bleiben viele warzige Höcker. Je nach Sorte kann die Pitahaya eine pinkfarbene Schale und weißes oder rotes Fruchtfleisch oder aber eine gelbe Schale und weißes Fruchtfleisch haben. Um das einzigartige süß-säuerliche Aroma zu genießen schneidet man die Frucht längs durch und löffelt das Fruchtfleisch heraus. Auch die vielen kleinen Samenkerne kann man mitessen. Natürlich eignen sich die optisch interessanten Früchte auch für Obstsalate und zum Garnieren.

Polenta Dieser Maisgrieß ist vor allem in Italien als Beilage beliebt. Man kocht ihn unter ständigem Rühren mit Salzwasser oder Brühe, bis er eine glatte, gleichmäßige Konsistenz erreicht hat. Will man ihn nicht als Püree servieren, kann man den Brei auf ein Blech oder Brett streichen, erkalten lassen und in dicke Scheiben oder Rauten schneiden. Danach werden die Stücke in Butter gebraten, gegrillt oder mit Parmesan bestreut überbacken. Im Handel ist fein und grob gemahlene sowie auch vorgegarte Polenta erhältlich, bei der sich die Zubereitungszeit deutlich verkürzt. Polentascheiben passen als Beilage gut zu Gulasch und anderen kräftigen Schmorgerichten mit Fleisch und sämiger Sauce.

Pomeranze Als Frischobst ist die Bitterorange ungenießbar. Sie schmeckt aber vorzüglich in der echten englischen Marmelade, die tatsächlich als einzige Konfitüre den Namen Marmelade tragen darf. Aus der äußeren Schale wird durch Kandieren Orangeat hergestellt, Schale und Saft geben Likören wie Cointreau oder Curaçao das typische Aroma.

Porree → Lauch

Portulak Nur auf exklusiven Wochenmärkten oder im Naturkostladen bekommt man dieses fast vergessene Blattgemüse, bei dem die grüngelb bis dunkelgrün gefärbten Blätter auf rötlichen Stängeln sitzen. Die fleischigen Blätter schmecken leicht säuerlich, ergeben einen saftigen Salat, bereichern Kräuterquark und werden gekocht vor allem in Eintöpfen, aber auch als Beilage wie Spinat verwendet.

Pottasche Vor allem für Lebkuchen und Printen wird dieses Backtriebmittel verwendet. Es handelt sich dabei um ein weißes, gut wasserlösliches Pulver, das den Teig nur sehr flach aufgehen lässt und eher in die Breite treibt. Man sollte deshalb zwischen den Gebäckstücken auf dem Backblech immer etwas Platz lassen. Verkauft wird Pottasche vor allem in der Weihnachtszeit, ansonsten gibt es Kaliumcarbonat in der Apotheke.

Poularde → Huhn

Preiselbeere Unsere Großmütter haben diese kleinen roten Früchtchen noch im Wald oder Moor gesammelt, heute bekommt man sie auch auf dem Markt. Da sie sehr sauer und ein wenig bitter sind, werden sie kaum roh gegessen. Sie finden hauptsächlich als Marmelade oder Kompott zu Wildgerichten Verwendung. Eine etwas größere Verwandte der Preiselbeere ist die Moosbeere, die in Russland und Skandinavien eingemacht sowie als Saft, Likör oder Branntwein verkauft wird. Noch etwas größer ist die in USA begehrte Cranberry (als Trockenfrüchte führen sie auch Supermarkt und Discounter). Die Amerikaner essen sie, eben-

WAS IST PUMPERNICKEL?

BROTSORTE
QUARKSPEISE
EISSORTE
STREUSELKUCHEN

falls eingemacht, zu Truthahn (Turkey). Säuerlich-erfrischender Preiselbeer, Moosbeer- oder Cranberrysaft harmoniert sehr gut mit Apfel- oder Traubensaft und wird auch für Cocktails verwendet.

Pute Ob Truthahn/Truthenne oder Pute/ Puter - gemeint ist immer das gleiche Tier, nämlich ein ursprünglich in Nordamerika heimisches Wildgeflügel, das auch in Europa heute in großen Mengen gezüchtet wird. Häufiger noch als im Ofen landet es in den Wurstfabriken, und die Auswahl an Putenwurst ist heute fast unüberschaubar. Besonders begehrt ist mild geräucherte Putenbrust. Möchte man eine ganze Pute zubereiten, so wird sie meist gefüllt und dann im Ofen gebraten, bis sie schön zart ist und eine krosse Haut hat. Die US-Amerikaner lieben ihren gefüllten Turkey (Truthahn) vor allem zum Thanksgiving-Fest - begleitet von Süßkartoffeln, Kürbis und Cranberrykompott. Zum langsamen Schmoren eignen sich auch fertig gebundener Putenrollbraten und Putenkeulen. Putenschnitzel werden aus der Putenbrust geschnitten. Da sie beim Braten leicht austrocknen, empfiehlt sich immer eine Sauce. Aus Putenfleisch lassen sich wegen der kurzen Garzeit auch schnelle Ragouts und Wokgerichte zubereiten. Da Puten für den Billigverkauf oft hoffnungslos überzüchtet sind, empfiehlt es sich nach Bio-Ware Ausschau zu halten.

Quark Dieser vielseitig verwendbare Frischkäse wird in verschiedenen Fettstufen angeboten: Für Kuchenfüllungen eignet sich Magerquark (max. 10% Fett) sehr gut, dagegen schmeckt Quark mit 20% Fett oder gar Sahnequark (40%) zum Rohessen einfach besser. Da Quark (in Österreich Topfen) eine recht kompakte Konsistenz hat, fügt man für Quarkspeisen immer ein wenig Milch oder Joghurt hinzu und verrührt das ganze zu einer cremigen Masse. Hinzu kommen bei süßen Varianten dann Früchte und/oder Süßmittel, für salzige Varianten Kräuter wie Schnittlauch, Petersilie und/oder Basilikum oder auch Gewürze wie frischer Meerrettich, Curry oder Kreuzkümmel. Beim Backen ist Quark auch die Basis für Käsekuchen und andere süße oder herzhafte Kuchen und Quiches. Er bereichert die verschiedensten Teigtaschen, Strudel und Knödel, verfeinert den Teig von Weihnachtsstollen und gehört in einen Quark-Öl-Teig für Pizza, Quiche oder Obstkuchen.

Queller Dass man diese Pflanze auch Friesenkraut oder Salzkraut nennt, lässt erahnen, wo man sie am ehesten findet: Die äußerlich an dickfleischige Kakteen erinnernde Wildpflanze gedeiht in Salzwiesen am Meer. Ob für Salate oder als Gemüse wird Queller kurz in Wasser ohne Salz blanchiert. Man kann ihn auch in Butter kurz anbraten. Das Friesenkraut passt gut zu Fisch und/oder Kartoffeln und wird einfach mit etwas Butter serviert. Salz braucht es nicht - davon hat es von Natur aus schon genug.

Quinoa Die kleinen runden Samen eines südamerikanischen Gänsefußgewächses nennt man auch Inkareis, und man erhält sie im Naturkosthandel. Sie schmecken tatsächlich so ähnlich wie Reis und können auch so verwendet werden. Mehl und Flocken sind zum Backen und für Müsli geeignet.

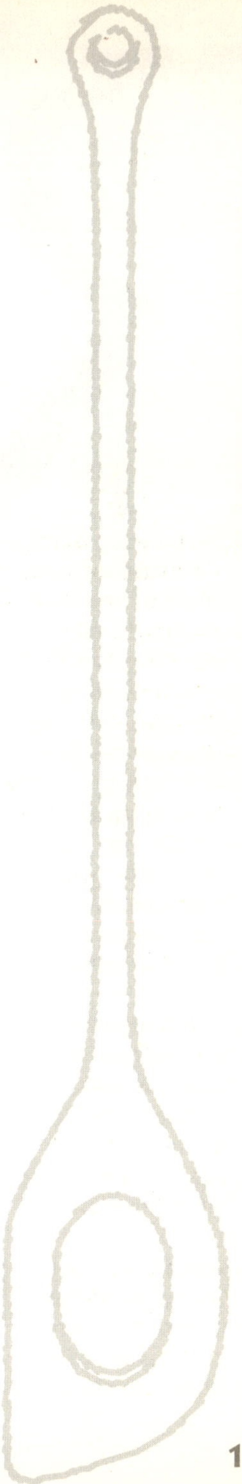

Quitte Das steinharte Kernobst, das von September bis November Saison hat, ist roh nicht zu verwenden. Es erfordert eine lange Kochzeit, um die apfelähnlichen Früchte weich zu bekommen. Der hohe Pektingehalt wird beim Kochen aus den Früchten gelöst und sorgt fürs Gelieren beim Quittengelee. Ganz wunderbar passen Quitten auch in herzhafte Fleischgerichte.

R

Radicchio Diese würzige Pflanze ist mit → Chicoree und → Endivie verwandt und schmeckt dementsprechend leicht bitter. Das zarte rot-weiße Blattgemüse wird meist bunten Salaten beigemischt oder als Dekoration für Platten, Teller oder Sandwiches verwendet. Als Dressing empfehlen sich Joghurtsauce oder eine Vinaigrette. Große schalenförmige Blätter füllt man fürs Büfett mit Gorgonzolacreme oder Mayonnaisesalat. Radicchio kann auch als Gemüse gedünstet oder gegrillt werden und spielt neben Reis die Hauptrolle in einem feinen Radicchio-Risotto. In italienischen Kochbüchern finden sich auch Pasta-Rezepte mit Radicchio. Als besonders edel gilt Radicchio aus Treviso; ebenfalls nur selten erhältlich ist die helle Sorte mit roten Sprenkeln.

Radieschen Der Name bedeutet so viel wie „Kleiner Radi" und weist auf die nahe Verwandtschaft des Radieschens mit dem → Rettich hin. Die kleinen scharf-würzigen Knollen sind außen rot, weiß oder zweifarbig, innen stets weiß und sollten immer knackig, auf keinen Fall holzig sein. Ganz, in Scheibchen oder Stiften mischt man sie in Salate und Kräuterquark oder garniert mit den dekorativ zurechtgeschnittenen Kugeln kalte Platten. Sommerlich erfrischend schmeckt eine kalte Radieschen-Buttermilch-Suppe, und es gibt sogar Eintopf-Rezepte mit gegarten Radieschen.

Rapsöl Das raffinierte Öl der Rapspflanze ist heute - neben dem Sonnenblumenöl - das meistverkaufte Speiseöl in Deutschland. Es kann zum Kochen und Braten verwendet werden, und manche benutzen es auch als Salatöl. Hierfür ist aber kalt gepresstes Rapsöl eher zu empfehlen, denn es hat einen besonders hohen Gehalt an einfach und mehrfach ungesättigten Fettsäuren und Vitamin E. Allerdings sollte man kalt gepresstes Rapsöl auf keinen Fall hoch erhitzen, da sonst krebserregende Stoffe entstehen können.

Raz el Hanout Frei übersetzt heißt diese Gewürzmischung „Chef des Ladens" und wird im Herkunftsland Marokko von jedem Gewürzhändler nach eigenem Gusto zusammengemischt. Mögliche Zutaten reichen von Pfeffer, Chili und Nelken über Kardamom, Zimt und Sternanis bis hin zu Veilchenwurzeln, Lavendel- und Rosenblüten. Der Mix gibt Couscous sowie Gemüse-, Fleisch- und Reisgerichten eine kräftig-orientalische Würze.

Rebhuhn Nur noch sehr selten ist dieser aromatische Vogel wild zu finden, weshalb im Laden oder Restaurant fast immer Zucht-Rebhühner angeboten werden. Sie sind weniger aromatisch als ihre Verwandten aus freier Wildbahn, schmecken aber vorzüglich mit einer feinen Füllung. Wichtig ist, dass man den Vogel mit Speck umwickelt, um ihn schon saftig zu erhalten. Rebhuhn harmoniert gut mit Maroni und mit Rosenkohl und ergibt außerdem feine Pasteten. In Spanien ist das mit dem Rebhuhn verwandte Rothuhn eine Delikatesse, die gern angebraten, dann mit Wein, Olivenöl und Gewürzen gegart und anschließend in diesem Sud aufbewahrt wird (Perdiz en escabeche).

Reh Herbstzeit ist Wildzeit, und das Reh gehört zu den beliebtesten Vertretern der Wildküche. Königin der Zubereitungsarten ist der Rehrücken, der gespickt und dann langsam geschmort wird. Auch Keule und Schulter ergeben einen wunderbaren Braten oder auch ein deftiges Gulasch. Kurz gebratene Rehmedaillons oder -schnitzel schmecken besonders köstlich mit frischen Steinpilzen oder Pfifferlingen. Durch Einlegen mit Rotwein und Gewürzen wird Rehfleisch schön mürbe, das Aroma wird unterstützt. Serviert wird Reh immer wieder gern mit gedünsteten Früchten wie Äpfeln, Birnen, Trauben, Sauerkirschen oder sogar Johannisbeeren.

Reineclaude, Reneklode → Pflaume

Reis Kaufte man noch vor wenigen Jahrzehnten zum Kochen ganz einfach Reis, so hat man heute die Qual der Wahl. Als Beilage begehrt ist Langkornreis, allen voran der in Indien beheimatete Patna-Reis, der beim Kochen nicht klebt und schön körnig bleibt. Besonders langkörnig und aromatisch sind der indische Basmati-Reis sowie Duft- oder Jasminreis aus Thailand. Rundkornreis eignet sich vor allem für Süßspeisen wie Milchreis. Durch einen noch höheren Stärkeanteil zeichnet sich Klebreis aus, der in Asien vor allem für Süßigkeiten, aber auch für herzhafte Klößchen und Füllungen verwendet wird. Für spezielle Zubereitungen wie italienischen Risotto, spanische

Paella oder japanische Sushi gibt es jeweils eigene Reissorten, die sich für die jeweilige Verwendung perfekt eignen.
Neben weißen, also geschälten und polierten, Reiskörnern ist dieses Nahrungsmittel auch mit Silberhäutchen und Keimling als Naturreis (fälschlicherweise auch Vollkornreis genannt) zu haben. Roter Naturreis kommt vor allem aus der südfranzösischen Camargue und hat durch den Anbau auf eisenhaltigem Boden eine rotbraune Außenhaut; beim asiatischen schwarzen Reis sitzt die Färbung ebenfalls außen.
Man kocht Reis normalerweise mit der eineinhalbfachen bis doppelten Menge Wasser auf, die beim Ausquellen auf niedriger Flamme vollständig aufgenommen wird. So bleiben alle Nährstoffe im Reis. Bevor das Wasser zugefügt wird, kann man den Reis auch mit Fett und Zwiebeln anschwitzen, als Kochflüssigkeit eignen sich auch Brühe oder Milch. Besonders schonend gart man Reis im Dämpfeinsatz oder mit einem speziellen Reiskocher.
Reis schmeckt als Suppeneinlage und ist eine bekömmliche Beilage zu Fisch-, Fleisch- und Gemüsegerichten. Außerdem hat fast jedes Land der Welt spezielle Reisgerichte (Pilaw, Risotto, Arroz, Nasi Goreng und viele mehr), welche die zarten Körner mit Fleisch, Fisch, Gemüse, Früchten und den unterschiedlichsten Kräutern und Gewürzen kombinieren.
Der sogenannte Wildreis ist übrigens mit dem echten Reis nur entfernt verwandt. Es handelt sich dabei um die tannennadelförmigen Samen eines Wassergrases, die durch Darren dunkel werden und nussig schmecken. Das recht teure Getreide wird gern mit weißem oder Naturreis gemischt.

Renke In den Seen der Voralpen, aber auch in der Mecklenburgischen Seenplatte ist dieser Süßwasserfisch zu Hause. Man nennt ihn in Bayern Renke, am Schwäbischen Meer Bodenseefelchen, im Norden Maräne. Köstlich ist er allemal und wird meist nach Müllerin Art zubereitet, also schlicht in Butter gebraten. Gut schmeckt die Renke auch vom Grill - am besten mit Olivenöl und Kräutern oder im Gemüsebett gedämpft. Geräuchert kann sie es mit der Forelle durchaus aufnehmen und ist eine wahre Delikatesse.

Rettich Manche mögen diese würzige Wurzel am liebsten ganz lieblich, andere schwören auf scharfe Gesellen, die richtig in der Nase beißen. Von außen sieht man ihnen ihren wahren Charakter nicht unbedingt an - deshalb Vorsicht beim Probieren. Auf dem Markt findet man kugelige oder lange Rettichsorten, es gibt sie mit weißer, roter oder braunschwarzer Schale, doch innen sind sie immer weiß. Rote und weiße Rettichsorten kann man mit Schale essen; sie wird einfach mit einer Gemüsebürste kräftig geschrubbt; schwarze Rettiche werden geschält. Will man die Schärfe etwas mildern, kann man den geschnittenen Rettich einsalzen. Die scharfe Wurzel wird fast ausschließlich roh gegessen, sei es als Rettichsalat, gemischt mit Karotten oder in Scheiben auf Butterbrot. Und ohne seinen „Radi" kann sich der Bayer keinen Biergartenbesuch vorstellen: Weißer Rettich wird mithilfe einer speziellen Vorrichtung in dünne Spiralen geschnitten und mit Salz zum frisch gezapften Bier serviert. In der ostasiatischen Ayurveda-Küche dagegen schätzt man auch milchsauer vergorenen Rettich.

Rhabarber Die sauren Stangen haben nicht den besten Ruf. Nur wenn Rhabarber sich im Kuchen von seiner süßen Seite zeigt, hat er seine kurze Saison. Dabei gibt er auch Erdbeermarmelade einen markanten Pfiff, kann als kaltes oder warm serviertes Kompott zu Panna cotta oder Griesflammeri auch mal die Hauptrolle spielen. Gut macht er sich auch als Sorbet. Rhabarber ist übrigens eigentlich kein Obst, sondern ein Stielgemüse, von dem man ja nicht die Früchte, sondern die Stängel verzehrt. Diese sollten gut geschält und dann kurz blanchiert werden (Rhabarber niemals roh und niemals die Blätter essen!). Das Blanchierwasser wird weggeschüttet, um möglichst viel der zusammenziehenden Oxalsäure loszuwerden.

Ricotta Dieser körnige Frischkäse aus Italien wird nicht aus Milch, sondern aus Molkeeiweiß von Kuh, Schaf oder Büffel hergestellt. Dadurch ist er besonders fettarm. Ricotta wird vor allem zum Kochen verwendet und man findet ihn häufig in Kombination mit Spinat als Füllung für Ravioli, Lasagne oder Crêpes – und sogar für Involtini, die feinen italienischen Kalbfleischröllchen. Er eignet sich aber auch für Kuchenfüllungen und Cremedesserts. Im Delikatessenladen gibt's manchmal gesalzenen, getrockneten und/oder geräucherten Ricotta.

Rind Schier endlos sind die Möglichkeiten, die unterschiedlichen Teile vom Rind zuzubereiten – vom Gulasch, Boeuf Stroganoff oder Tafelspitz über kurz gebratenes → Steak und mürbe Rouladen bis zum sanft geschmorten Rinderbraten, Sauerbraten oder gebratener Hachse. Auch echte Hamburger müssen unbedingt aus reinem Rindfleisch sein, und Genießer schwören immer noch auf einen in Rotwein geschmorten Ochsen-

Was ist ein Ristretto?

Ein Espresso mit wenig Koffein
Ein Espresso mit etwas Likör
Ein doppelter Espresso
Ein kleiner und stärkerer Espresso

Regionales!

Beim **Aal grün** macht die Spreewaldsauce den Aal grün. Zur Zubereitung der Berliner Spezialität wird zuerst der Aal mit Suppengrün, Kräutern und Gewürzen mit etwas Essig in leicht kochendem Wasser gegart. Danach wird aus der Brühe die Spreewaldsauce hergestellt, eine helle Kräutersauce aus Sahne, Dill, Petersilie, Estragon und Zitrone.

Arme Ritter gelten als typisch deutsches Gericht der Nachkriegszeit, dabei sind sie auch in England (Poor Knights of Windsor), den USA (French Toast), Frankreich (Pain Perdu), Russland (Grenki), Niederlande (Wentelteefje) und Spanien (Torrijas) bekannt. In Teilen Bayerns und Österreichs heißen sie Pofesen (oder Pavesen, Bavesen). Für die warme Nachspeise wird altbackenes Brot in Eier-Milch eingeweicht, in der Pfanne gebraten und mit Zimt und Zucker bestreut.

Wer in Hessen **Beutelches** bestellt erhält Klöße. Dafür werden zerstampfte Kartoffeln, Dörrfleisch und Kammfleisch vom Schwein in einen Leinenbeutel gefüllt, gekocht und als Kloß serviert. Dazu reicht man „Zwiwwelsoß“, eine Soße aus Zwiebeln, Schwarzbier und Bratensaft.

Bollenfleisch, berlinerisch für Zwiebelfleisch, ist ein traditionelles Berliner und Brandenburger Schmorgericht aus Lamm und viel Zwiebeln. Das Berliner „Gulasch“ wird mit Kümmel gewürzt.

Zum **Bremer Braunkohl** gehört traditionell Pinkel, eine geräucherte Grützwurst. Der Name der Wurst wird abgeleitet von der Umhüllung der Wurst, dem sogenannten Pinkel-Rinderdarm. Heutzutage besteht die Umhüllung jedoch zumeist aus Kunstdarm oder einem Leinensäckchen. Die Wurst besteht aus Speck, Getreidegrütze, Schmalz, zwiebeln und Gewürzen. Zum deftigen Grünkohlgericht – in Norddeutschland Braunkohl genannt – werden meist auch noch Bauchspeck und andere Würste gegeben.

Brotpudding war ursprünglich ein Resteessen der norddeutschen Küche. Brot- und Kuchenreste wurden in Milch eingeweicht. Dazu kamen Eier und Butter, sowie eine zuvor eingelegte Mischung aus Rosinen, Korinthen, Mandeln und Zitronensukkada hinzu.

Durch Speck erhält die **Finkenwerder Scholle** ihren typischen Geschmack. Die in Mehl gewendete Scholle wird in Butter und Speckwürfeln 3-5 Minuten gebraten. Dazu werden Bratkartoffeln gereicht. Die Scholle Finkenwerder Art, benannt nach einem Hamburger Stadtteil, wird entweder im Ofen zubereitet, gefüllt mit Speck, Zwiebeln und Krabben, oder in der Pfanne mit magerem Speck angebraten.

Das Typische der **Forelle Müllerin Art** ist das Wenden des Fischs in Mehl, um ihn dann in der Pfanne zu braten. Beim Braten in Butter entstehen durch das Mehl mehr aromatische Röststoffe. Zusätzlich bindet das Mehl einen Teil des Fetts, das wiederum Aromen aufnimmt.

Für das **Frankfurter Schneegestöber** werden Camembert, Frischkäse und Butter mit Zwiebeln, Paprikapulver und Pfeffer gemischt. Dazu wird Bauernbrot gereicht. Schmeckt gut zu Äppelwoi und Bier.

Frikadellen bestehen aus Hackfleisch, Zwiebeln, Ei und Brötchen. Die Zutaten werden miteinander verknetet und als kleine flach gedrückte Bällchen in der Pfanne von beiden Seiten angebraten. Je nach Region haben die Fleischbratlinge unterschiedliche Bezeichnungen - Buletten, Klopse, Fleischpflanzerl.

Zur Zubereitung der **Gaisburger Marsch,** einem traditionellen schwäbischen Eintopfgericht, wird eine kräftige Rinderbrühe mit Ochsenfleisch und Suppengrün gekocht. Das gewürfelte Fleisch wird mit gekochten Kartoffeln und Spätzle angerichtet. Dazu wird die heiße Brühe mit goldbraun gebratenen Zwiebeln serviert.

Gröstl gibt es in Österreich in vielen Varianten, für das Tiroler Gröstl werden Fleisch, Erdäpfel, Zwiebel und anderes in einer Pfanne gebraten. Einst ein Resteessen, sind die Hauptzutaten Kartoffeln und in Stücke geschnittenes Fleisch.

Häckerle sind sehr fein gehackte Salzheringe, die je nach Rezept mit Zutaten wie fein gehackte, hart gekochte Eier, Zwiebeln und sogar mit Leberwurst vermengt werden. Als Beilage gibt es Pellkartoffeln oder auch Brot.

Das **Hamburger Rauchfleisch** wird aus der Oberschale oder dem Schwanzstück vom Rind hergestellt. Es diente ursprünglich als Proviant bei Schiffsreisen. Es wird gekocht, nach dem Erkalten dünn aufgeschnitten und mit geriebenem Meerrettich serviert.

Ein **Handkäs mit Musik** ist ein hessischer Sauermilchkäse mit Zwiebelkümmelsauce. Der reife Sauermilchkäse wird einige Zeit in einer Marinade aus gewürfelten Zwiebeln mit Essig und Öl, Kümmel, Pfeffer und Salz eingelegt. „Mit Musik" meint, dass dem recht milden Handkäse durch die Zutaten ein doch eher kräftiges Aroma zugefügt wird. Statt des Originals wird oft auch Harzer Käse verwendet.

Hasenpfeffer ist ein Ragout aus Stücken vom Hasen wie Brust und Hals, Herz und Leber, die sich als Braten nicht eignen. Zur Zubereitung wird das Fleisch mit Räucherspeck, Zwiebeln und Rotwein geschmort und mit Klößen und Rotkohl serviert.

Himmel und Erde ist ein traditionelles Gericht der rheinisch-westfälischen Küche, ist aber auch in Niedersachsen und Schlesien bekannt. Den Namen erhielt es von den früher verbreiteten Bezeichnungen Erdapfel für Kartoffel und „Himmel" steht für die Äpfel an den Bäumen.

Hoppelpoppel ist eine Süßspeise aus süßer Sahne, Eidotter und Zucker. Die Zutaten von werden im Wasserbad cremig geschlagen und je nach Rezept mit Arrak, Vanille und Muskatnuss aromatisiert. Es gibt warme wie kalte Varianten, die beide zum Dessert gegessen werden.

Der **Kirschenmichel** wird auch Kirschenplotzer, Chirsichlorz, Kirschenmännla, Kirschpfanne genannt. Die traditionelle Süßspeise besteht aus altbackenen Brötchen oder Brot, die gemeinsam mit Kirschen, Butter, Milch, Ei und Zucker zu einer Teigmischung verarbeitet und als Auflauf im Ofen gebacken wird.

Der **Knockepott** (hochdeutsch: Knochentopf) ist ein Eintopf aus dem Münsterland. Er entstand nach dem Schlachten und wurde zur Resteverteilung aus Pfoten, Ohren und Schwänzen vom Schwein gekocht.

Zu **Königsberger Klopsen** gehören unbedingt Kapern, die eingelegten Blütenknospen des Kapernstrauches, der im ganzen Mittelmeergebiet heimisch ist. Aus Hackfleisch geformte Klopse ziehen in einer Sahne-Weißwein-Sauce, die mit Kapern, Zitrone und Petersilie ein feines Aroma erhält.

Labskaus besteht klassisch aus gepökeltem Rindfleisch, Matjes, Zwiebeln und Roter Bete. Ursprünglich war es ein Gericht für Seefahrer und Matrosen, heute steht diese norddeutsche Spezialität auf jeder Speisekarten traditionsbewusster norddeutscher Restaurants. Serviert wird Labskaus mit Kartoffeln, Rollmops und Gewürzgurke.

Das **Leipziger Allerlei** besteht aus Erbsen, Karotten, Spargel und Morcheln, darüber hinaus kommen oft grüne Bohnen, Blumenkohl oder Kohlrabi hinzu. Abgerundet wird alles mit Flusskrebsen und Semmelklößchen.

Maultaschen, eine schwäbische Nudelspezialität, bestehen traditionell aus Brät, Spinat, Zwiebeln und eingeweichten Brötchen. Sie werden in Brühe oder Wasser gegart und als Suppeneinlage, Beilage oder in Butter „geschmälzt" und mit gebratenen Zwiebelringen als Hauptgericht serviert.

Nürnberger Gewerch ist ein traditioneller Wurstsalat (und nicht ganz so bekannt wie die Nürnberger Bratwürste und Lebkuchen) in Essig und Öl. Anders als der Schweizer Wurstsalat – aus Käse und Fleischwurst – wird die Nürnberger Variante als Ochsenmaulsalat (gepökeltes und gekochtes Maulfleisch vom Rind) zubereitet, oft auch noch zusätzlich mit Pressack.

An der norddeutschen Küste war **Pannfisch** früher übrig gebliebener Fisch, serviert mit gekochten Kartoffeln. Inzwischen ist es jedoch ein Traditionsessen geworden, welches heute in vielen Hamburger Restaurants frisch zubereitet wird, meist als gebratenes Fischfilet mit Bratkartoffeln oder Pellkartoffeln.

Der **Pfälzer Saumagen** kommt aus der Heimat von Helmut Kohl und ist das Lieblingsgericht des ehemaligen Bundeskanzlers. Der Schweinemagen dient als Hülle für eine gut gewürzte Füllung aus Schweinefleisch, Bratwurstbrät und Kartoffeln. Das Ganze wird in heißem, aber nicht kochendem Wasser gegart, da der Magen sonst platzen könnte. Zum Servieren wird er in Scheiben geschnitten, dazu passen Röstkartoffeln oder Kartoffelpüree und Sauerkraut.

Pfitzauf ist ein traditionelles Eiergebäck der schwäbischen Küche. Der Teig besteht aus Milch, Mehl, Butter, Salz und Eiern. Zur Zubereitung werden spezielle Pfitzauf-Formen aus glasiertem Ton benötigt. Die Süßspeise kann als Hauptgericht, warme Nachspeise oder statt Kuchen fungieren.

Die **Pottsuse** kommt aus der Harzregion. Es ist ein Brotaufstrich aus Schweinefleisch, Schmalz und vielen Gewürzen. Die Zutaten werden lange gegart und noch heiß in Gläser gefüllt. Durch den Luftabschluss ist der Aufstrich lange haltbar.

Rheinischer Sauerbraten ist ein Braten, der in Essig, Wein, Suppengrün und Gewürzen wie Wacholderbeeren, Lorbeerblätter, Gewürznelken, Pfefferkörner und Senfkörner eingelegt wird. Das (Rind-)Fleisch muss für mehrere Tage in dieser Marinade bleiben. Klassisch dazu ist die Pumpernickel-Rosinen-Rotwein-Sauce;

früher wurde der Sauerbraten in der Regel aus Pferdefleisch zubereitet.

Salzburger Nockerln, ein flaumiges Soufflé aus Eiern, Zucker, wenig Mehl und viel Luft, gehören zu den Klassikern unter den österreichischen Nachspeisen.

Einen **Salzekuchen** kauft man in Hessen. Der Blechkuchen aus Roggenbrotteig, regional auch Ploatz genannt, hat einen Belag aus Kartoffeln, Quark, Eiern, Speck und natürlich Salz. Von Dorf zu Dorf gibt es viele abweichende Rezepturen.

Ein **Schlesisches Himmelreich** wird aus geräuchertem Schweinebauch gemacht, der zusammen mit Backobst, Zimt und Zitronenschale gekocht wird. Zum Abschluss wird aus der süßlichen Brühe eine Mehlschwitze hergestellt und zusammen mit dem Fleisch und dem Backobst serviert.

Tafelspitz ist ein Klassiker der bayrischen und österreichischen Küche. Das spitz zulaufende Schwanzstück vom Rind wird mit Suppengrün in Wasser oder Fleischbrühe gekocht. Dazu gibt es Meerrettichsauce, in Brühe gegartes Wurzelgemüse und Kartoffeln.

Töttchen sind eine Spezialität aus Westfalen und dem Münsterland und waren ursprünglich ein Arme-Leute-Essen, bei dem Kalbskopf, Lunge, Herz und Ähnliches mit Zwiebeln und Essig zu einem süß-sauren Ragout verkocht wurden.

Weißsauer ist der Sammelbegriff für in einer Brühe gekochtes Gänse-, Enten- oder Schweinefleisch, das nach dem Erkalten in würzigem Gelee eingelegt wird. Sobald das flüssige Gelee fest geworden ist, kann es gegessen werden.

Zürcher Geschnetzeltes ist ein Ragout aus Kalbfleisch, manchmal auch gemischt mit Kalbsniere, in würziger Rahmsauce. Es gilt als ein Schweizer Nationalgericht.

schwanz. Da Rindfleisch beim Braten leicht trocken werden kann, greift man am besten zu Stücken, die von feinen Fettadern durchzogen sind, welche dem Fleisch dann Saftigkeit verleihen. Für Tatar und Carpaccio, das roh in hauchdünne Scheiben geschnittene und mit Olivenöl und Parmesan servierte Rinderfilet, muss das Fleisch auf jeden Fall absolut frisch und von allererster Qualität sein.
Besonders geschätzte und edle Fleischlieferanten sind das schottische Angusrind sowie Charolais aus Frankreich und Chianina aus Italien. Als exklusivstes und teuerstes Rindfleisch der Welt gilt Kobe-Rind der Wagyn-Rasse, das aus der Gegend rund um die japanische Stadt Kobe kommt und pro Kilogramm mehrere Hundert Euro kosten kann. Bei der Aufzucht werden die Tiere täglich mit einem speziellen Handschuh massiert und mit dem japanischen Reiswein Sake besprüht. Das Fleisch soll dadurch besonders mürbe werden und feine Fettäderchen entwickeln. Bei uns findet man übrigens kein echtes Kobe-Rind, da es nicht exportiert wird. Vielmehr wird man mit Nachzüchtungen abgespeist.

Römersalat (Romanasalat) Dieser Salat mit dem locker gewachsenen Kopf und festen länglichen Blättern hat mehr Aroma als gewöhnlicher → Grüner Salat. Besonders beliebt sind die hellen und knackigen Innenblätter und Herzen. Römersalat wird auch Kochsalat genannt und kann wie Spinat gedünstet werden. Als Salat harmoniert er gut mit Roquefort-Dressing. Eine Hauptrolle spielt Romanasalat im US-Klassiker Caesar Salad. Hierfür wird er mit Öl, Eigelb, Zitronensaft und Gewürzen angemacht und dann mit knusprigen Croutons und Parmesanspänen, manchmal auch noch mit gegrillten Hähnchenbruststreifen, garniert.

Rogen → Kaviar

Roggen Dieses beliebte Getreide ergibt ein dunkleres Mehl als Weizen und schmeckt herzhaft-würzig. Es wird vor allem zu Sauerteigbrot und -brötchen verbacken, ist aber auch in Flockenform für Müsli zu haben. Die ganzen Körner kann man einweichen, dann wie Reis kochen und als Beilage oder für Suppen, Eintöpfe, Füllungen und Aufläufe verwenden.

Romanesco Der ganze, wegen seiner „Türmchen" auch „Minarettkohl" genannt Kopf oder die gelbgrünen Röschen sind eine Zierde für jede Gemüseplatte - und dies ist wohl der Hauptgrund, warum dieser nahe Verwandte des → Blumenkohls so viele Freunde gewonnen hat. Er wird zubereitet wie sein weißer Vetter und schmeckt auch ähnlich. Will man den ganzen Kopf zubereiten, so legt man ihn vor dem Kochen eine halbe Stunde in kaltes Wasser, um eventuell in den Röschen versteckte Ungeziefer herauszulocken. Romanesco behält seine frische grüne Farbe durch kurzes Abschrecken in Eiswasser.

Rosenkohl Beim Einkauf erkennt man frischen Rosenkohl an geschlossenen Köpfchen und frischen grünen Blättern. Gelbliche oder welke Blätter deuten auf weniger frische Ware und einen muffigen Geschmack hin. Da Rosenkohl weniger haltbar und robust ist als andere Kohlsorten, kauft man am besten nur so viel ein, wie bald verbraucht wird. Ansonsten kann man die Röschen kurz blanchieren und dann tiefgefrieren. Vor dem Kochen werden die äußeren Blättchen entfernt. Das Strunkende wird etwas gekürzt (trockenes Ende muss weg) und dann kreuzweise eingeschnitten, damit der Strunk gleichzeitig mit den Blättern gar ist. Rosenkohl kann in Wasser gekocht oder - gern mit etwas Weißwein - gedünstet werden. Als Beilage serviert man die bissfest gegarten Röschen mit etwas Butter und Muskatnuss, in einer Bechamelsauce. Er schmeckt auch in Aufläufen, als Salat, auf Quiche und harmoniert bestens mit Speck.

Rosinen Unter diesem Oberbegriff fasst man verschiedene Sorten getrockneter Weinbeeren (→ Weintraube) zusammen: Sultaninen oder Sultanas werden aus Trauben der weißen Rebsorte Sultana gewonnen, sind dementsprechend hell, dazu weich, fleischig, honigsüß und kernlos. Die kleineren Korinthen kommen immer noch größtenteils aus Griechenland. Sie stammen von der blauen Traubensorte „Schwarze Korinthe" und verdanken ihren Namen der Stadt Korinth. Sie sind kleiner als Sultaninen, von dunkler Farbe, ebenfalls ohne Kerne, sehr aromatisch und süß-säuerlich. Seltener zu finden sind sogenannte Traubenrosinen: relativ große Früchte, die als ganze Trauben getrocknet und an der Traube oder als Einzelbeeren verkauft werden.

Rosinen werden als schnelle Zuckerlieferanten gern in Müsli und „Studentenfutter" (eine Mischung aus verschiedenenen Nüssen und Rosinen) verwendet. Unverzichtbar sind sie auch beim Rheinischen Sauerbraten und in vielen orientalischen Fleischgerichten. Für süßes Gebäck, Desserts und Fruchtsalate kann man sie in Rum oder Orangensaft einweichen. Da Rosinen zur Haltbarmachung häufig geschwefelt und gegen Zusammenkleben auch noch geölt werden, sollte man sie vor der Verwendung mit warmem Wasser gut waschen - oder gleich ungeschwefelte Bio-Rosinen kaufen.

Rosmarin Ob Brautkraut, Hochzeitsblümchen oder Weihrauchkraut - der Name macht schon klar, dass diese Pflanze etwas Besonderes ist. Die Griechen weihten sie der Liebesgöttin Aphrodite, die Römer schmückten damit die Altäre der Hausgötter. Glücklich und froh soll er machen, und auf jeden Fall vermittelt Rosmarin vor allem mediterranen Speisen ein markantes Aroma. Er passt zu Fisch ebenso wie zu deftigen Fleischgerichten vom Geflügel, Schwein, Lamm oder Wild. Auch Suppen und Salate, Pasta, Pilze und Gemüse erhalten ein sommerliches Aroma. Da sich die ätherischen Öle schnell verflüchtigen, gibt man Rosmarin erst gegen Ende der Kochzeit zu. Am besten zerkleinert man die frisch vom Strauch gepflückten Nadeln im Mörser. Unbedingt sparsam verwenden, da Rosmarin sonst zu aufdringlich wirkt. Rosmarinpflanzen kann man gut auf dem Balkon halten, wo sie auch sehr dekorativ aussehen (im Winter reinstellen).

Rotbarbe Vor allem in der Mittelmeerküche findet man diesen Speisefisch mit festem weißen Fleisch, der auch Rote Meerbarbe genannt wird. Kleine Exemplare mit einer Größe von etwa 20 Zentimetern eignen sich sehr gut als Portionsfisch, den man einfach im Ganzen brät, sind aber sehr grätenreich. Oft werden daher Filets angeboten, die am besten auf der Haut gebraten werden. Gut schmeckt Rotbarbe auch im Gemüsebett oder im Weinsud gegart.

Rotbarsch Immer wieder wundern sich Verbraucher, warum dieser beliebte Speisefisch so selten und so teuer geworden ist. Die Antwort ist so einfach wie traurig: Durch Überfischung ist er vom Aussterben bedroht. Wenn man ihn noch ergattert, dann meist als Filet, denn dieser Stachelflosser, der übrigens auch See- oder Goldbarsch genannt wird und zoologisch gar nicht zu den Barschen zählt, ist nicht leicht zu säubern. Dafür ist das leicht rosafarbene Fleisch sehr fest und schmackhaft. Es kann gedünstet, gebraten oder in allen möglichen Varianten mit Gemüse kombiniert werden. Wegen seines hohen Fettgehalts eignet er sich auch zum Räuchern.

Rote Bete Früher gab es die dunklen, rot-violetten Knollen nur gekocht im Glas - heute bekommt man sie auch frisch auf dem Markt und im Gemüseladen. Je nach Alter und Größe müssen die Knollen ungeschält 50-90 Minuten in Salzwasser garen (mit einem Küchenmesser hineinstechen, um zu prüfen, ob sie gar sind). Das uralte Gemüse ist alles andere als langweilig, denn es kann mehr als nur mit schnödem Essig langweilige Salatteller verfärben. Die Knollen schmecken einfach wie Kartoffeln gekocht, geschält und pur mit Salz und Butter serviert. Die Russen kochen aus Roter Bete nicht nur ihren berühmten Eintopf Borschtsch (mit allerlei deftigen Fleischzugaben), sie kennen auch knusprige Rote-Bete-Puffer, feine Rote-Bete-Röllchen mit Fleisch- oder Reisfüllung sowie viele Fleisch-, Fisch- und Gemüsesalate mit Roter Bete. Angemacht mit einer Senf-Meerrettich-Vinaigrette und mit Feldsalat serviert ergeben Rote Bete eine winterliche Vorspeise. Als gesunde Zierde eines kalten Büfetts glänzen Rote-Bete-Rohkost oder auch Rote-Bete-Salat mit weißen Bohnen und Äpfeln oder Rote-Bete-Carpaccio aus hauchdünn geschnittenen rohen Knollen mit Vinaigrette oder Joghurtdressing. Rote Bete regen den Appetit an und enthalten besonders viel Eisen.

Rotkohl Zwischen Nord- und Süddeutschland streitet man bis heute, ob dieses Gemüse nun Rot- oder Blaukraut heißen soll. Die Antwort ist simpel: Einfach nur gekocht behält dieser Kohl seine rote Farbe, je mehr Säure - etwa durch Essig, Wein oder Äpfel - man dazu gibt, desto eher geht die Farbe ins Blaue. Der feine Wintergeschmack kommt durch Gewürze wie Nelken und Zimt sowie durch Rosinen noch besser zur Geltung.

Rübe Die Familie der Rüben ist groß, schließlich gehören auch → Rote Bete, → Möhren, → Rettiche, → Petersilienwurzeln und → Pastinaken dazu. Wieder im Aufwind befindet sich die Speiserübe, allen voran die zarten länglichen Teltower Rübchen aus Brandenburg. Sie sind gekocht eine beliebte Beilage, lassen sich gut gratinieren und ergeben mit Sahne verfeinert auch eine köstliche Suppe. Mairüben sind klein, kugelig und haben weißes Fleisch; größer und manchmal farbig sind Herbstrüben. Verwendet werden sie wie Teltower Rübchen. Und auch das vor allem im Rheinland geläufige Stielmus (auch Rübstiel genannt) gehört zu den Rüben, man isst aber die Blätter, die im Geschmack an Kohl erinnern und wie Spinat zubereitet oder roh als Salat gegessen werden.
Als Arme-Leute-Gemüse galt lange Zeit die Steckrübe oder Kohlrübe, da sie in Kriegszeiten als eines der wenigen Nahrungsmittel viele Menschen am Leben hielt. Die bis zu drei Pfund schweren Wurzelknollen werden geschält, in Stifte oder Würfel geschnitten und dann gekocht oder gedünstet. Gut schmecken sie in Eintöpfen, in einer weißen Sauce, gern auch zusammen mit Möhren oder Kohlrabi. Wieder entdeckt als Beilage wird Steckrübenpüree mit Butter und Muskat. Außerdem kann man die Knollen kochen, aushöhlen, mit Hackfleisch füllen und überbacken.

Rucola Vor zwanzig Jahren war dieses Kraut bei uns weitgehend unbekannt, obwohl es als Gartenrauke früher schon mal durchaus präsent war. Aus Italien kam der Rucola wieder nach Mitteleuropa und ist mit seinem leicht bitterscharfen Aroma als Salat ebenso beliebt wie in Pastagerichten. Besonders gut harmoniert er mit Tomaten, Knoblauch, Olivenöl, Balsamico-Essig und Parmesan. Man kann Rucola sehr einfach im Garten oder Balkonkasten ziehen.

S

Safran Kein Wunder, dass Safran das teuerste Gewürz der Welt ist: Für ein Gramm braucht man 200 Blüten einer bestimmten Krokusart. Am besten kauft man die ganzen Fäden, um sicherzugehen, dass man auch wirklich echten Safran bekommt (es gibt ihn aber auch als Pulver). Echter Safran gibt den Speisen nicht nur die gelbe Farbe, sondern auch ein unvergleichliches, leicht bitteres Aroma. Die gerösteten Fäden sind unverzichtbar für echten Risotto Milanese, spanische Paella und die französische Fischsuppe Bouillabaisse. Sie passen besonders gut zu Fisch und Meeresfrüchten. Die Fasern werden zwischen den Fingern oder im Mörser zerrieben und dann in wenig Wasser eingeweicht. Die anschließende Zugabe einer kleinen Menge Joghurt oder geschmolzener Butter fixiert das Aroma. Safran muss trocken und lichtgeschützt aufbewahrt werden.

Sago Ob man dieses Granulat nun als „Froscheier" oder „Küchenperlen" bezeichnen mag – Sago oder Perlsago ist ein geschmacksneutrales Binde- und Verdickungsmittel aus dem Mark der Sagopalme, heute auch aus der Stärke anderer Wurzeln wie etwa Kartoffeln oder Maniok hergestellt. Sago wird vornehmlich zum Andicken von Suppen und für süße Cremes und Grützen wie etwa Rhabarberpudding oder Rote Grütze verwendet. Das in trockenem Zustand weiße Granulat quillt beim Kochen zu weichen, transparenten Kügelchen auf, die durchaus erwünscht sind; je länger man sie kocht, desto mehr zerfallen sie zu Brei.

Sahne Wie arm wäre die Küche ohne das durch Zentrifugieren gewonnene Fett der Kuhmilch, das selbst eigentlich nur wenig Eigengeschmack hat. Da aber Fett nunmal ein Geschmacksträger ist, kann Sahne (auch Rahm oder Obers genannt) andere Aromen wunderbar hervorheben und verstärken. Je nach Verwendungszweck gibt's unterschiedliche Fettstufen zwischen zehn und 60 Prozent, wobei man ab 40 Prozent von Crème double spricht. Für Schlagsahne muss der Rahm mindestens 30 Prozent Fett enthalten, sonst wird er nicht steif. Flüssige Sahne eignet sich zum Binden und Verfeinern von Suppen, Saucen und Gemüsegerichten, darf aber erst gegen Ende der Garzeit zugegeben werden und möglichst nicht mitkochen, damit sie nicht ausflockt. Aus süßer Sahne wird auch → Sauerrahm hergestellt.

Saibling Dieser Süßwasserfisch gilt als edle Delikatesse – auch deshalb, weil er nur schwer in Teichen gezüchtet werden kann und deshalb recht selten zu haben ist. Der Saibling oder Bachsaibling ist mit der Forelle verwandt, hat zartes Fleisch und einen sehr delikaten Geschmack, den man nicht durch allzu kräftige Zutaten verdecken sollte. Gut schmeckt er einfach in Butter gebraten, pochiert auf einem Spinatbett oder mit Kräutern gefüllt aus dem Ofen. Zum Grillen packt man ihn einfach mit Kräutern und etwas Olivenöl in Alufolie.

Salbei Bei Husten gibt es kaum etwas Besseres als Tee aus frischen Salbeiblättern. In der Küche besticht das mediterrane Kraut vor allem in Saltimbocca a la Romana: Kalbsschnitzel mit Parma-Schinken und Salbeiblättern. Salbei passt gut zu deftigen Fleisch- und Geflügelgerichten wie Schwein, Lamm, Ente, Gans und Wild sowie in Fleischfüllungen. Er aromatisiert Kräuterbutter, in der italienischen Küche zu Gnocci beliebt, sowie Würste und Käse. Als schmackhafte Zugabe zu gebratenem Fleisch kann man Salbeiblätter in Öl knusprig frittieren. Salbei lässt sich gut im Topf halten, es gibt ihn aber auch getrocknet. Anders als viele andere Kräuter sollte er mitgekocht werden, um sein volles Aroma zu entfalten – aber sparsam, Salbei ist sehr dominant.

Salz Salz ist nicht gleich Salz – und doch erfüllen alle Varianten zunächst den gleichen Zweck: Sie unterstützen das Eigenaroma von Lebensmitteln und sind außerdem ein traditionelles Konservierungsmittel, mit dem nicht nur Schinken und Würste, sondern auch Gemüse, Pilze und Fisch haltbar gemacht werden können. Am häufigsten ist Speise- oder Tafelsalz, das meist aus Sole gewonnen und zusätzlich mit Jod und teils auch noch mit Fluor angereichert wird. Steinsalz wird direkt aus dem Fels gewonnen und hat durch natürliche Begleitstoffe oft eine graue Farbe. Meersalz mit seinem natürlichen Jodgehalt wird immer beliebter. Es ist grobkörnig, meist ein wenig feucht und veredelt nicht nur Gemüse-, Fisch- und Fleischgerichte mit einer feinen Note, sondern wird auch für Fisch im Salzmantel benutzt. Die wertvolle „Salzblume" (Fleur de Sel), die in den Salinen als oberste Schicht von Hand abgeschöpft wird, ist Liebling der Feinschmecker und wird meist erst nach dem Garen über die Speisen gestreut. Umstritten ist der Wert des sogenannten Himalaya-Salzes, das von seinen Anhängern als geheimnisvolles Heilmittel betrachtet und deshalb zu horrenden Preisen verkauft wird. Im Handel sind heute auch die unterschiedlichsten Kräuter- und Gewürzsalze zu haben.

Sanddorn Der dornige Strauch mit den leuchtend orangeroten Beeren macht seinem Namen alle Ehre - er wächst auf Stranddünen und auf kargen Böden am Meer, zum Beispiel an Ost- und Nordsee. Sanddorn, dessen Beeren wegen der Dornen mit speziellen Handschuhen abgestreift werden müssen, ist ein Geheimtipp für die Gesundheit. Er enthält etwa zehnmal so viel Vitamin C wie Zitronen, eine Menge Provitamin A und Calcium. Die säuerlich-herben Früchte werden fast ausschließlich als Mark, Sirup, Saft oder Marmelade angeboten. Ein Glas Sanddornsaft stärkt die Abwehrkräfte - pur ist er recht säuerlich, daher wird er meist schon gesüßt angeboten.

Sardelle Dieser kleine Heringsfisch wird in Südeuropa auch als Frischfisch verkauft und entweder in einer Essigmarinade oder paniert und ausgebacken als Snack gegessen. Im Supermarkt bekommt man Sardellen vor allem in Form von Anchovis: Die Fische werden in Salzlake fermentiert und reifen bis zu zwei Jahre im Fass, bevor sie in Öl eingelegt und als Konserven verkauft werden. Ganze Anchovis oder Anchovifilets eignen sich ideal zum Garnieren und werden gern mit Oliven, Käse oder Paprika als Vorspeise serviert.

Sardine Für viele gilt dieser Fisch als Arme-Leute-Essen - wohl deshalb, weil es viele Zubereitungen mit unterschiedlichsten Saucen und Gewürzen in Dosen gibt. Heute aber hat sie wieder Konjunktur - auch in Form von recht raffinierten Konserven. Frische Sardinen schmecken ganz einfach vom Grill, aber auch gebraten oder frittiert. Zum Füllen bietet sich eine Brot-Kräuter-Knoblauch-Mischung mit Pinienkernen an. Wer Sardinen selbst marinieren will, lässt sie am besten vom Fischhändler ausnehmen. Dann werden sie je nach Geschmack gebraten oder in einem Gemüsesud gekocht und anschließend in einer Marinade aus Essig, Wein, Zwiebeln und Kräutern eingelegt.

Woher hat das Sandwich seinen Namen?

Nach der Ortschaft Sandwich
Vom Earl of Sandwich
Von einem Londoner Restaurant
Von einem Küchenchef

Sauerampfer Im Frühling kann man dieses Wildkraut pflücken – bitte nur auf ungedüngten Wiesen! Mit seiner Säure und einer leichten Bitternote bringt er Pepp in herzhafte Salate. Er würzt Suppen und Saucen (in Frankreich vor allem zu Lachs und anderen Fischen) und schmeckt auch im Kräuterquark. Wegen des hohen Gehalts an Oxalsäure sollte er nur in Maßen genossen werden; Blanchier- oder Kochwasser wegschütten!

Sauerrahm Durch Zugabe von Milchsäurebakterien entsteht aus süßer → Sahne Sauerrahm. Etwas kompliziert ist für Genießer die Unterscheidung der verschiedenen Typen: Generell muss Sauerrahm oder Saure Sahne mindestens zehn Prozent Fett enthalten. Crème fraîche (frz. „Frischrahm") darf nach der Milchsäuregärung nicht mehr wärmebehandelt werden und hat mindestens 30 Prozent Fett, die leichtere Crème légère um 20 Prozent. Dagegen ist bei Schmand (mind. 20% Fett) der Zusatz von Bindemitteln erlaubt. In der Küche nutzt man Sauerrahm zum Eindicken und Verfeinern von Suppen und Saucen, für feine Saladressings sowie für Desserts und Backwaren. Sauerrahm mit hohem Fettgehalt flockt übrigens auch in warmen Speisen nicht aus.

Schalotte → Zwiebel

Schafgarbe Wer im Frühjahr dieses köstliche Kraut im Salat genießen will, der muss schon selbst durch die Wiesen ziehen und pflücken (auf ungedüngten Wiesen und weitab der Straße!). Man erkennt die Pflanze leicht an den fiedrigen Blättern. Schafgarbe hat ein mildwürziges Aroma und passt in alle Wildkräutergerichte wie Salate, Suppen oder Kräuterquark.

Schattenmorelle → Kirsche

Schellfisch Dieser Meeresbewohner gehört zur Familie der Dorsche und ist durch einen durchgehenden dunklen Streifen an der Seite leicht zu erkennen. Man bekommt ihn frisch oder tiefgefroren (dies meist als Filet). Schellfisch hat festes und sehr schmackhaftes Fleisch, das man gut braten oder pochieren kann. Ein norddeutscher Klassiker ist Schellfisch in Senf- oder Senf-Dill-Sauce. Wer einmal geräucherten Schellfisch bekommen kann, sollte unbedingt zuschlagen – sehr zu empfehlen!

Schinken Meistens ist eine Schweinekeule das Ausgangsmaterial für feinen Schinken. Sagt man nur „Schinken", meint man traditionell den oberen Hinterschenkel, wohingegen „Vorderschinken" von der Schweineschulter stammt. Ganz grob unterscheidet man zwischen gekochtem und rohem Schinken. Für Kochschinken wird das Fleisch meistens entbeint, dann gesalzen, gekocht, manchmal auch noch mild geräuchert und dann in Form gebracht. Kochschinken gibt

es in vielen Varianten, als Prager Kochschinken, der in Brotteig auch warm gegessen wird, oder als Kräuterschinken mit einer Kruste zum Beispiel aus Rosmarin.
Für Rohschinken wird die ganze Keule samt Knochen eingesalzen, teils gewürzt und dann - je nachdem, ob man sich in einer trockenen oder feuchten Gegend befindet - luftgetrocknet oder geräuchert. Gute Rohschinken reifen manchmal länger als zwei Jahre. Zu den berümtesten luftgetrockneten Schinken zählen Parma- und San-Daniele-Schinken aus Italien sowie Serrano- und Pata-Negra-Schinken (auch Ibérico-Schinken genannt) aus Spanien. Geräucherte Klassiker sind Schwarzwälder, Holsteiner und Westfälischer Schinken, wobei die Hersteller sehr großen Wert auf das verwendete Holz legen. Als besonders aromatisch gilt Schinken, der über Wacholder- oder Buchenholz geräuchert wurde. Lachsschinken ist ein mageres, mild gepökeltes und sanft geräuchertes Kotelettstück. Neben Schweineschinken gibt es auch feine Schinken vom Rind, Hirsch, Wildschwein und anderen Nutztieren. Sie werden meistens geräuchert.
Gekochter Schinken ist auch in vielen Rezepten der warmen Küche zu finden, von überbackenem Blumenkohl mit Schinken bis zu Cordon bleu. Auch Rohschinken kann zum Aromatisieren von Saucen und Fleischgerichten verwendet werden. Parmaschinken schmeckt als Vorspeise mit Melone. Man findet ihn auch in Pastagerichten und als Pizzabelag.

Schlehe Wer als Kind vom Schlehdorn genascht hat, weiß, wie sauer die Früchte schmecken und dass sie den ganzen Mund zusammenziehen. Genießbar werden Schlehen erst nach dem ersten Frost - und auch dann werden sie selten roh verwendet. Stattdessen macht man aus ihnen - häufig gemischt mit anderen Früchten - Konfitüren, Säfte, Likör sowie Frucht- und Branntwein. Süßsauer eingekocht sind sie eine fruchtige Begleitung zu Wild.

Schmalz In bäuerlichen Haushalten früher oft einziges Speisefett, steht Schweineschmalz heute im Ruf, durch seinen hohen Cholesteringehalt sehr ungesund zu sein. In Maßen genossen gibt es aber vor allem Bratgerichten und auch einigen Backwaren einen herzhaften Geschmack und ist ein beliebter Aufstrich für herzhaftes Brot.

Schnecken Besonders in Frankreich sind Weinbergschnecken eine beliebte Delikatesse. Man isst in der Regel ein halbes oder ganzes Dutzend als Vorspeise, im so genanntem „Schneckenpfännchen“ mit Kräuterbutter im Backofen gegart.

Schnittlauch Kaum ein Kräutergärtlein, und sei es auch noch so klein, in dem nicht dieses beliebte Kraut einer Zwiebelart wachsen

Wer oder was ist ein Saucier?

Eine Schüssel für Saucen
Eine Kelle für Saucen
Ein Koch, der die Saucen macht
Ein Kellner, der die Saucen serviert

würde. Schnittlauch ist selbst im Winter unverwüstlich und sprießt immer wieder neu. Der leicht nach Zwiebeln schmeckende Schnittlauch wird fast immer roh verwendet oder nach Ende der Kochzeit fein geschnitten über die Speisen gestreut - von Suppen und Saucen über Salate, Gemüse und Eierspeisen bis zu allen möglichen Fleischgerichten. Außerdem lassen sich mit den langen dünnen Stängeln auch Dekorationen zaubern oder beispielsweise Bohnenpäckchen zusammenbinden.

Schnitzel Für dieses vor allem zum Kurzbraten geeignete Stück Fleisch wird das Rippenstück - in erster Linie vom Kalb oder Schwein - ohne Knochen in Scheiben geschnitten. Da das magere Fleisch zum Austrocknen neigt, sollte es nicht zu heiß und vor allem nicht zu lange gegart werden. Weltberühmt ist das Wiener Schnitzel, das vom Kalb sein und eine dünne, in Butter gebratene Panierung aufweisen muss. Auch Pariser Schnitzel ist vom Kalb; es wird in Mehl und geschlagenem Ei gewendet und dann in Butter gebraten; beim Piccata milanese besteht die Panierung aus Parmesan.
Holsteiner Schnitzel ist ein paniertes Schweineschitzel, das mit Spiegelei und Sardellenfilets auf geröstetem Weißbrot angerichtet wird. Beliebt sind auch nach wie vor Zubereitungen wie Paprikaschnitzel, Jägerschnitzel oder Zigeunerschnitzel - fast immer vom Schwein mit oft schweren Saucen. Heute bezeichnet man auch andere dünne Scheiben zum Kurzbraten als Schnitzel, etwa Putenscheiben aus der Brust oder Bratscheiben aus der Rehkeule.

Schokolade Schokolade macht glücklich, heißt es. Und das hat mehrere Gründe: Zum einen regt sie im Gehirn die Bildung des Botenstoffs Serotonin an, der die Stimmung heben kann. Zum anderen ist Schokolade auch geschmacklich ein Hochgenuss für Schleckermäulchen. Dabei musste die beliebte helle Vollmilchschokolade bei Feinschmeckern mittlerweile schwarzer Bitterschokolade mit einem hohen Kakaoanteil und ohne Milch Platz machen. Sie wird inzwischen schon fast wie Wein nach Anbaugebieten eingeteilt und in Verkostungen bewertet. Schokolade besteht aus gemahlenen Kakaobohnen, Kakaobutter, Zucker und meist auch noch anderen Zutaten wie Lecithin, Vanille, Sahne oder Nüssen. Der Fantasie der Chocolatiers sind keine Grenzen gesetzt, und so gibt es sogar Schokolade mit Laven-

Im Restaurant kommt ein Sommelier an Ihren Tisch. Er ist?

Ein Weinkellner
Ein Weinkenner
Ein Weintrinker
Ein Weinhersteller

delblüten, mit Pfeffer oder Chili. In der Küche eignet sich Schokolade nicht nur zum Backen und für Süßspeisen. Ganz raffiniert sind auch Schokoladensaucen zum Fleisch, vor allem zum Wild sowie auch zu Geflügel, Garnelen oder Languste. Hier wird immer Bitterschokolade verwendet.

Scholle Kein Plattfisch ist in deutschen Küchen beliebter als die Scholle, vor allem im Mai, wenn die Fische am besten schmecken und als Maischolle auf den Tisch kommen. Ein Klassiker ist die Scholle Finkenwerder Art mit gebratenem Speck und Zwiebeln. Bei der Nobelvariante kommen auch noch kleine Garnelen („Nordseekrabben") dazu.

Schwarzkümmel Dieses aromatische Gewürz kennt man vor allem vom türkischen Fladenbrot, das häufig kleine kohlrabenschwarze Samenkörnchen zieren. Sie schmecken etwas bitter und haben eine leichte Schärfe. Vor allem findet man sie in herzhaftem Gebäck. Eine besondere Note gibt Schwarzkümmel Hülsenfrüchten und Fischgerichten. Er harmoniert auch gut mit Karotte und Kürbis und wird in der asiatischen Küche für Currys verwendet. Schwarzkümmelöl soll antibakteriell wirken und das Immunsystem anregen; es ist im Orient ein beliebtes Heilmittel und wird auch in Europa immer begehrter.

Schwarzwurzel Viele nennen dieses Gemüse Winterspargel, doch das ist irreführend. Zwar sehen die von ihrer dunklen Haut befreiten Stangen aus wie Spargel, doch sie sind mehliger in der Konsistenz und schmecken mild-säuerlich. Um fleckige Hände zu vermeiden, empfehlen sich zum Schälen und Schneiden Gummihandschuhe. Das geschälte Gemüse wird sofort in Essig- oder Zitronenwasser mit etwas Mehl gelegt, damit es nicht oxidiert und braun wird; auch dem Kochwasser fügt man etwas Mehl bei. Die mineralstoffreichen Schwarzwurzeln schmecken gut als Salat oder Gemüsebeilage, in Suppen oder in einer weißen Sauce, am besten fein gewürzt mit → Muskat und frischer → Petersilie.

Schwein Das beliebteste Fleisch der Deutschen kommt vom Schwein. Ob als Braten oder Schinken, in Form von Schnitzel, Haxe oder Wiener Würstchen - ohne Schweinefleisch können sich viele das Leben nicht vorstellen. Allerdings ist das Schwein als Allesfresser und Cholesterinspiegeltreiber in jüngster Zeit in Verruf geraten, und tatsächlich empfiehlt

es sich aus gesundheitlicher Sicht, Schweineprodukte in Maßen zu essen. Dann sind sie jedoch ein großer Genuss, wobei Schweinefleisch geschmort, gebraten oder gegrillt aromatischer schmeckt als gekocht in Form von Siede- oder Kesselfleisch.
Auch wenn eine Zeit lang mageres Schweinefleisch hoch im Kurs lag, empfiehlt es sich immer, mit leichten Fettadern durchzogene Stücke zu bevorzugen. Sie schmecken aromatischer und erhalten beim Garen ihre Saftigkeit. Deshalb eignet sich zum Grillen ein Nackensteak auch besser als ein mageres Schnitzel. Schweinefleisch aus Bio-Freilandhaltung hat merkbar mehr Geschmack und verliert beim Braten in der Pfanne kein Volumen. Die alte Hausschweinrasse Schwäbisch-Hällisches Landschwein wird erfreulicherweise wieder gezüchtet und von Restaurants als qualitativ hochwertiges Fleisch gerne auf die Karte gesetzt.
Ein beliebter Klassiker mit zartem und hocharomatischem Fleisch ist das Spanferkel. Es darf nicht älter als sechs Wochen sein und kann im Ganzen im Ofen gegart oder am Spieß gegrillt werden. Zu den teuersten Schweinedelikatessen zählt Fleisch vom Iberischen Schwein, das nicht nur zu edlen Schinken verarbeitet wird, sondern auch in der Küche durch sein unnachahmliches Aroma besticht. Seinen besonders nussigen Geschmack verdankt es der Eichelmast, die kleine Kristalleinschlüsse im Fleisch zurücklässt. Bei Muslimen und Juden ist Schweinefleisch tabu.

Schwertfisch Dieser riesige Raubfisch kommt in Europa im Mittelmeer und im Atlantik vor. Sein festes Fleisch ähnelt dem des Thunfischs und kann besonders gut in Form von Steaks gebraten werden – aber nur kurz, da es schnell trocken wird. Um die Saftigkeit zu erhalten kann man Schwertfisch auch mit Gemüse und Weißwein sanft im Ofen garen. Schwertfischsteaks sind gut zum Grillen geeignet (vorher mit Olivenöl, Zitronensaft und Kräutern marinieren). Wie Thunfisch lässt er sich auch als Carpaccio zubereiten.

Seehecht Dieser Verwandte des Kabeljaus ist unter dem Namen Merluza in Spanien so etwas wie der Nationalfisch und steht auch bei uns in jedem spanischen Restaurant auf der Karte. Seehecht hat helles, festes und schmackhaftes Fleisch, das sich für die unterschiedlichsten Zubereitungsarten eignet, etwa einfach in Olivenöl gebraten oder in einem dünnen Teig gebacken. Eine edle Variante ist Seehecht mit Erbsen und Muscheln. Als besonders delikat gelten die zarten Kiemenbäckchen.

Seeigel Keine Bange, die Stacheln dieses Meeresgetiers muss man nicht mitessen. Und trotz des sichtbaren Hindernisses auf dem Weg zum Genuss gelten die Stachelhäuter in Frankreich und Spanien als ganz besondere Köstlichkeit, die man am liebsten wie Austern roh verzehrt. Dafür werden die Seeigel rundum aufgeschnitten. Innen kommt dann ein orangefarbenes bis purpurrotes Fleischstückchen von cremiger Konsistenz zum Vorschein, das man einfach herauslöffelt. Gelegentlich wird das Fleisch auch kurz gekocht oder mit Rührei oder Béchamelsauce gratiniert.

Seelachs Bei den Anglern heißt der Seelachs Köhler. Die Fischindustrie verkauft ihn als Seelachs, obwohl er nicht mit den Lachsen, sondern mit dem Kabeljau verwandt ist. Nichtsdestotrotz gehört er zu den beliebtesten Speisefischen, dient als Basis für Fischstäbchen und kann sowohl gebraten als auch paniert und frittiert oder mit diversen Gemüsen im Ofen gegart werden.

Seeteufel, Lotte So beängstigend der ganze Fisch aussehen mag, so köstlich schmeckt sein schneeweißes, festes, fast grätenfreies Fleisch. Der Seeteufel (Rape) ist in den letzten Jahren in Mode gekommen. Für sein weißes, äußerst delikates Fleisch hat jede Region unzählige eigene Zubereitungsarten. Verkauft wird bei uns meist nur das im Verhältnis zum riesigen Kopf kleine Schwanzteil. Wer auch Kopf und Rückengräte ergattern kann, kocht daraus einen Fischfond. Durch seinen dezenten Geschmack verträgt sich das beste Stück mit fast allen Gemüsen und Gewürzen. Für Saltimbocca vom Seeteufel werden Portionsstücke mit frischen Salbeiblättern in Parma- oder Serranoschinken gewickelt und dann gebraten.

Seezunge Für Feinschmecker ist dieser Plattfisch die Nummer eins auf der Fischkarte. Der Edelfisch hat schneeweißes, feines Fleisch und einen dezenten Fischgeschmack. Seezungen können zwar bis zu drei Kilogramm schwer werden, am besten kauft man aber Portionsfische von 300 bis 400 Gramm. Viele Liebhaber mögen sie einfach gegrillt oder in Butter gebraten mit etwas Zitrone und vielleicht ein wenig Estragon. Die Franzosen schwören auf Sole meunière, das Pendant zur Seezunge Müllerin Art: Sie wird in Mehl gewendet (selten auch noch in Ei) - und dann ab in die Pfanne. Das sanfte Seezungenaroma harmoniert gut mit Wein- und Safransauce sowie mit dezenten Kräutersaucen. Eine Köstlichkeit sind gefüllte Seezungenröllchen, die man zum

Was bekommt der Gast, wenn er in Berlin eine Sportmolle bestellt?

- Ein Bier light
- Ein Spezi
- Eine Fassbrause
- Eine Weinschorle

Beispiel mit einer Lachsfarce und/ oder Spinat füllen kann, was nicht nur geschmacklich gut harmoniert, sondern auch sehr schön aussieht.

Sellerie Ob Knolle oder Staude: Sellerie fällt stets auf durch sein durchdringendes Aroma. Nicht umsonst ist Knollensellerie neben Lauch, Möhren und Petersilie ein Hauptbestandteil des sogenannten Suppengrüns. Die würzigen Knollen werden außerdem als Röstgemüse für Schmorgerichte verwendet. Sie schmecken als Püree, geraspelt in Salaten und werden als Hauptgericht in Scheiben gebraten. Staudensellerie schmeckt etwas dezenter. Knackig frisch kann er roh mit Dips geknabbert, in Salate gegeben oder als Gemüse gedünstet werden. Das Kraut kann man übrigens mitessen.

Senf Wer seine Bratwurst liebt, der kommt ohne Senf nicht aus. Die gelbe Paste aus zermahlenen Senfkörnern, Essig und Gewürzen passt zu Wurst, Speck und kaltem Braten, zu Räucherfisch, Eiern oder auch in Marinaden. Neben dem gewöhnlichen Senf, der in verschiedenen Schärfestufen zu haben ist, gibt es auch besonderes Varianten wie den süßlichen Weißwurstsenf, der aus grob zerkleinerten, manchmal auch gerösteten Körnern hergestellt und mit Apfelmus gesüßt wird. Die Franzosen lieben den edlen, oft mit Estragon oder anderen Kräutern verfeinerten Dijon-Senf, die Briten haben köstliche Senftypen mit ganzen Körnern. Und eben diese, also die Samenkörner des Weißen und Schwarzen Senfs, sind auch alleine ein wichtiges Gewürz, vor allem beim Einmachen von Gurken, Kürbis und anderem Gemüse. Kona Karashi ist übrigens ein japanisches Senfpulver, aus dem der schärfste Senf der Welt hergestellt wird.

Sesam Die winzigen elfenbeinfarbenen Körnchen sind die geschälten Samen eines tropischen Krauts. Sie werden meist geröstet und schmecken dann angenehm nussig, etwa in orientalischen Süßspeisen, aber auch in oder auf süßem und salzigem Gebäck. Man kann mit den Körnchen auch Fleisch, Geflügel und Fisch „panieren". Außerdem werden aus Sesam einige sehr gesunde Nahrungsmittel hergestellt: die Sesampaste Tahin, das japanische Gewürzsalz Gomasio sowie hocharomatisches Sesamöl.

Shiitake Der Lieblingsspeisepilz der Chinesen und Japaner ist auch in europäischen Kochtöpfen immer häufiger zu finden, weil er ein feines Aroma hat und sich sehr leicht zubereiten lässt. Man kann ihn wie andere Pilzsorten kochen, dünsten, braten, frittieren oder auch grillen und mit vielen Gemüsesorten kombinieren. Getrocknete Shiitake werden vor der Verwendung in Wasser eingeweicht. In Fernost gilt der Shiitake als Heilpilz, dennoch reagieren manche Menschen allergisch. Keinesfalls sollte man ihn roh verzehren.

Sojabohne Vor allem die Naturkostbewegung hat die Sojabohne nach Europa gebracht, wo sie in den verschiedensten Formen auf den Tisch kommt. Am seltensten sieht man sie als Gemüse, dabei lassen sich die getrockneten Bohnen wie andere Trockenbohnen kochen und als Beilage sowie in Schmorgerichten, Eintöpfen und Suppen servieren. Aus zerkleinerten Sojabohnen wird Sojamilch gewonnen, außerdem haben auch Sojajoghurt und -desserts Hochkonjunktur, da viele Menschen heute unter einer Milchzucker-Unverträglichkeit (Lactose-Intoleranz) leiden. Aus fermentierten Sojabohnen gewinnt man das Sojabrot Tempeh, außerdem findet man im Naturkostladen Fleischersatz und diverse „Wurst"-Waren auf Sojabasis. Aus Sojabohnen werden auch → Sojasauce, → Tofu und → Miso hergestellt. Sojaprodukte enthalten sehr viel Eiweiß und Ballaststoffe, wenig Fett und kein Cholesterin, was sie sehr gesund macht.

Sojasauce Was der deutschen Hausfrau ihr Maggi, ist den Japanern die Sojasauce. Sie aromatisiert viele Speisen, ist allerdings absolut natürlich und enthält kein Glutamat. Sojasauce entsteht aus Wasser, Sojabohnen, Salz und manchmal auch Weizen in einem komplizierten Fermentierungsprozess und muss danach lange reifen. Sojasaucen unterscheiden sich stark in Farbe, Konzentration und Salzgehalt. Es gibt auch dickliche, süße Varianten. Sojasauce würzt Suppen, asiatische Nudel-, Gemüse- und Fleischgerichte; es gibt sie in unterschiedlichen, hellen oder dunklen, eher süßlichen oder eher salzigen Varianten, in Japan, China oder Indonesien hergestellt. Als Begleitung zu Sushi wird sie mit scharfer → Wasabi-Paste vermischt. Die in Japan beliebte Teriyaki-Sauce, die man im Asienladen fertig kaufen kann, besteht aus Sojasauce, Reiswein, Zucker und Gewürzen und verleiht Fisch- und Fleischgerichten Glanz, Knusprigkeit und ein interessantes süß-salziges Aroma.

Was ist ein Strammer Max?

- Eine Schnitte Brot mit Schinken und Spiegelei
- Ein prall gemästetes Tier
- Ein betrunkener Stallbursche
- Ein gefülltes Fladenbrot

Sonnenblumenkerne In Spanien liegen die Schalen oft unterm Kneipentresen, denn Sonnenblumenkerne sind hier wie auch in Russland und der Türkei eine beliebte Knabberei. Sie schmecken als knackige Beigabe zu Salaten sowie in Brot und Backwaren. Der größte Teil aber wird zu Speiseöl und mittlerweile auch zu Biodiesel verarbeitet.

Sonnenblumenöl Nicht nur in Mitteleuropa, sondern vor allem auch in der russischen Küche ist dieses Speiseöl der Klassiker schlechthin. Im Supermarkt findet man für wenig Geld die raffinierte Variante, die man durchaus zum Kochen und Braten verwenden kann. Das typische Aroma des Sonnenblumenkerns kommt aber nur in kalt gepresstem Öl zur Geltung und schmeckt ganz besonders gut in Rohkostsalaten, etwa aus Karotte, Apfel, Roter Bete und/oder Sellerie. Außerdem ist es das ideale Öl für Mayonnaisen. Zum Braten oder Frittieren sollte man es nicht verwenden, da es sich schon bei 170 Grad zersetzt.

Spargel Als „Königsgemüse“ oder „weißes Gold“ wird der Spargel gern bezeichnet und schon die römischen Kaiser genossen die noblen Sprossen. Am häufigsten ist bei uns sogenannter Bleichspargel, der in Hügelbeeten unterirdisch gezogen wird und deshalb blendend weiß bleibt. Kommen die Triebe mit Sonnenlicht in Kontakt, verfärben sich die Köpfe zunächst violett, später grün. Frischer Spargel hat fest geschlossene Spitzen und eine saftige, helle Schnittfläche. Er quietscht, wenn man die Stangen aneinanderreibt, und lässt sich leicht brechen. Man kann ihn – in ein feuchtes Tuch gewickelt – im Kühlschrank mehrere Tage aufbewahren. Weißen Spargel muss man schälen: Man setzt das Messer oder den Spargelschäler etwa zwei Zentimeter unterhalb des Köpfchens an und schält von oben nach unten. Das holzige Ende wird abgeschnitten.
Man kocht Spargel entweder stehend im Spargeltopf (Köpfe nach oben) oder gebündelt in leicht gesalzenem Wasser mit einer Prise Zucker. Klassisch wird er serviert mit jungen Kartoffeln, zerlassener Butter oder Sauce hollandaise sowie rohem und/oder gekochtem Schinken. Die zarten Stangen schmecken aber auch gratiniert als Vorspeise, traditionell in einer weißen Sauce (zu Pfannkuchen), als Spargelsalat oder -suppe. Neuerdings wird Weißspargel auch immer häufiger angebraten und dann sogar mit Rotwein serviert.
Für den immer beliebter werdenden Grünspargel lässt man die jungen Triebe ans Licht wachsen, wo sie Chlorophyll und einen kräftigeren Geschmack entwickeln. Grüner Spargel muss nicht geschält werden. Gebraten oder gedünstet ergibt er eine schmackhafte Beilage.

Speck Früher war Speck der nahrhafte Fettvorrat für den Winter, den man entweder gepökelt oder geräuchert und dann im Keller aufgehängt hat. Man gewinnt ihn aus den fetten Schichten des Schweins, die auch noch mehr oder weniger ausgeprägte Fleischanteile haben können. Hiervon hängt dann auch die Verwendung ab: Magerer

Speck oder Schinkenspeck ist ein zentraler Bestandteil einer deftigen Brotzeit. Hat er ein wenig mehr Fett, kann man ihn als Frühstücksspeck zur Begleitung von Rühr- oder Spiegelei braten oder trockenes Fleisch und Geflügel damit umwickeln. Fetten Speck schneidet man in Würfel und lässt ihn in der Pfanne aus. Außerdem benutzt man Speck für deftige Eintöpfe, Bratkartoffeln sowie Speckkuchen und -knödel. Der sogenannte grüne Speck ist frischer Rückenspeck, der sich vor allem zum Spicken von Braten eignet.

Speisestärke Vor allem zur Bindung von Saucen, Suppen und Puddings, aber auch zum Backen dient Speisestärke, die meist aus stärkehaltigen Knollen oder Getreide hergestellt wird. An erster Stelle steht die Kartoffel, häufig sind auch Reis-, Mais- oder Weizenstärke. Auch aus der afrikanischen Maniokwurzel und der Pfeilwurzel, einer tropischen Pflanze, wird Speisestärke gewonnen. Will man Stärke an heiße Speisen geben, etwa zum Eindicken von Puddings oder Saucen, muss man sie immer zuerst in kalter Flüssigkeit anrühren, damit es beim Kochen keine Klumpen gibt. Dann rührt man diese Mischung mit einem Schneebesen unter die heiße Flüssigkeit. Stärke aus Kartoffeln, Mais oder Reis eignet sich auch als Mehlersatz für Menschen mit Glutenunverträglichkeit.

Spinat Die Mär vom besonders eisenhaltigen Spinat hat sich als Rechenfehler erwiesen, aber dennoch gilt dieses Blattgemüse als sehr mineralstoffreich. Roh ergeben die Blätter einen aromatischen Salat, der gut mit gebratenen Pilzen oder Schafskäse mundet. Auf keinen Fall sollte man Spinat in Wasser kochen, sondern nur tropfnass in einen Topf mit etwas Öl oder Butter geben und kurz zusammenfallen lassen, damit die Nährstoffe erhalten bleiben. Kurz gedünstet mit Olivenöl und einem Hauch Knoblauch passt Spinat besonders gut als Beilage zu Fisch; er schmeckt auf Pizza und Quiche, in Pastagerichten und Omelettes sowie püriert mit etwas Sahne und Muskat als Rahmspinat. Die Spanier lieben eine Vorspeise aus gedünstetem Spinat, Rosinen und gerösteten Pinienkernen.

Spitzkohl Dieser Kohl mit seinem nach oben spitz zulaufenden, oft etwas bläulich gefärbten Kopf ist

WAS IST STUDENTENFUTTER?

EIN BURGER MIT POMMES, WEISSBROT, KÄSE UND ROTWEIN
EINE MISCHUNG AUS NÜSSEN UND TROCKENFRÜCHTEN
EIN MAHL AUS WASSER UND BROT

eng mit dem Weißkohl verwandt. Er reift früher, ist etwas kleiner und schmeckt auch zarter als sein großer Bruder. Spitzkohl wird wie Weißkohl zubereitet, hat aber eine kürzere Garzeit und schmeckt besonders gut, wenn man ihn nicht zu weich kocht, sondern noch mit leichtem Biss genießt. Er schmeckt auch als Rohkost oder Salat. Das berühmte Filderkraut aus der Nähe von Stuttgart wird vor allem zu Sauerkraut verarbeitet.

Sprossen Da die jungen Triebe von Pflanzen besonders viele Vitamine und Mineralien enthalten, werden sie immer häufiger zu Hause in Keimschalen oder einem Sprossenapparat gezogen und sind auch im Lebensmittelhandel erhältlich. Zum Keimen eignen sich Kresse-, Mungbohnen-, Sojabohnen-, Rettich-, Radieschen-, Linsen-, Kichererbsen- oder Bockshornklee-Samen. Ganz besonders zart und erfrischend sind Alfalfasprossen. Sprossen genießt man am besten roh in Salaten oder als Garnitur. Fertig gekeimte Sprossen sollten bald verzehrt werden, da sie sonst Schimmel ansetzen können, den man nicht immer sieht, der aber den Gesundheitseffekt wieder zunichte macht. Zur Sicherheit kann man sie kurz blanchieren, Soja- und Mungbohnenkeimlinge sollten auf jeden Fall blanchiert werden. Fleischigere Sprossenarten eignen sich auch als Gemüse in Wokgerichten. Will man Sprossen selbst zu Hause keimen, sollte man nur spezielle Sprossensamen kaufen, normale Samen für den Freilandanbau sind nicht zu empfehlen.

Sprotte Der kleine Heringsfisch, auch Breitling genannt, wird in Nord- und Ostsee gefangen. Frisch findet man Sprotten nur selten auf dem Fischmarkt, dafür sind sie besonders begehrt in geräucherter Form als „Kieler Sprotten“. In Skandinavien werden Sprotten, wie bei uns Heringe, mit unterschiedlichen Marinaden und Saucen eingelegt. Manchmal findet man eingelegte Sprotten auch unter der Bezeichnung „Anchovis“ (echte Anchovis sind allerdings aus → Sardellen).

Stachelbeere Als eher säuerliche Frucht ist diese Beere fast in Vergessenheit geraten, doch in reifem Zustand besitzt sie eine raffinierte Kombination aus Süße und Säure, die vor allem in Kuchen und Torten zur Geltung kommt. Die Beeren mit ihren charakteristischen Härchen auf der festen Haut gibt es in gelb und rot; grüne Früchte sind schlicht unreif, werden so aber gern zu Konfitüren, Gelees und Fruchtsaucen verarbeitet. Reife und deshalb süße Früche sind roh mit etwas Zucker eine wahre Delikatesse und sie ergeben ein feines Kompott.

Stängelkohl → Cima di rapa

Steak Generell kann man eine hochwertige Scheibe Fleisch zum Kurzbraten als Steak bezeichnen. Dementsprechend gibt es Steaks

vom Schwein oder Kalb, vom Hirsch oder Wildschwein, vom Känguru oder Strauß und sogar vom Hai oder Thunfisch. Wer von einem „echten Steak" spricht, meint aber meist ein dick geschnittenes edles Stück vom Rind, wobei der Überblick über die verschiedenen Schnittarten fast schon eine Wissenschaft für sich ist. Am bekanntesten ist wohl das Rumpsteak, eine Scheibe von der Rinderhüfte mit Fettrand. Aus dem breitesten Stück der Lende gewinnt man das Filetsteak, das als Doppel-Lendenstück auch Chateaubriand heißt und für zwei Personen reicht. Schmaler im Durchmesser sind Tournedos und Medaillons sowie Filet mignon aus der schmalen Filetspitze. Das Entrecôte kommt vom Zwischenrippenstück oder der Hochrippe des Rindes.
Im klassischen Steak-Land USA schneidet man Rindfleisch anders und erhält durch den besonderen Fleischschnitt auch andere Typen von Steak. Dabei lässt man - anders als in Europa - häufig auch die Knochen dran. Berühmt ist das T-Bone-Steak aus dem Rippenstück mit seinem T-förmigen Knochen und Filet. Sirloin- und Porterhouse-Steak stammen vom Roastbeef mit Knochen und werden bis zu fünf Zentimeter dick geschnitten, wobei das Porterhouse-Steak noch ein Stück Filet enthält. Ribeye-Steak stammt von der Hochrippe und hat einen runden Fettkern, das „Auge". Steaks werden grundsätzlich kurz gebraten und sollten innen immer noch rosa, rot oder für manche sogar blutig sein. Große dicke Stücke brät man kurz in heißem Öl an und gart sie dann im Ofen bei niedriger Temperatur zu Ende. So bleibt das Fleisch schön saftig.

Steckrübe Lange Zeit als Nachkriegsessen verpönt und so gut wie vergessen, feiert die Knolle neuerdings ein Comeback. Die Rübe mit dem fein-herben Geschmack ist vitamin- und mineralstoffreich (Vitamin C, Karotin, Calcium). Sie kann als Suppe, Püree und in der Pfanne gebraten serviert werden und ist auch als Rohkost oder im Salat eine Entdeckung.

Steinbutt Dieser Plattfisch aus dem Atlantik ist eine seltene Delikatesse, und da er köstlich schmeckt, wird er mittlerweile auch gezüchtet, etwa in Norwegen und im spanischen Galicien. Ein Steinbutt kann bis zu 20 Kilogramm schwer werden. Je nach Größe verarbeitet man ihn im Ganzen, in Scheiben oder als Filet. Das Fleisch ist butterzart, zergeht auf

Woraus besteht das Gericht Surf and Turf?

Garnelen und Steak
Lachs und Schnitzel
Hummer und Hühnchen
Flusskrebs und Schweinefilet

der Zunge und besticht durch ein unvergleichliches Aroma. Deshalb sollte man Steinbutt am besten pochieren oder sanft braten und dann nur mit etwas Butter oder Olivenöl servieren. Wenn es denn eine Sauce sein soll, so passen eine leichte Hollandaise sowie Weißwein- oder Safransauce.

Steinpilz Kaum ein Speisepilz kann mit einem so wunderbaren Aroma aufwarten wie der Steinpilz, der zu Recht als Edelpilz gilt. Im Sommer und Herbst ist er frisch zu haben. Er schmeckt roh in Salaten oder als Pilzcarpaccio, gegart sollte man mit allen anderen Zutaten sparsam umgehen, um das unvergleichliche, leicht nussige Aroma nicht zu verfälschen. Am besten einfach mit Butter oder Olivenöl braten oder schmoren und mit Salz, Pfeffer und Petersilie würzen. Als Beilage passen sie auch bestens zu Fleisch, vor allem zu Wild. Getrocknete Steinpilze (vor dem Kochen in Wasser einweichen) braucht man nur in kleinen Mengen, da der Geschmack hier sehr konzentriert ist. Sie passen wunderbar zu Pasta oder in Risotto.

Sternanis Auf dem Weihnachtsteller sind die dekorativen Samen eines chinesischen Baumes ein echter Hingucker. Auch in der Weihnachtsbäckerei kommt das aromatische Gewürz, als ganze Samen oder gemahlen, zum Einsatz. Man kann damit Kompotte, Pflaumenmus, Gemüse und sogar Fleischgerichte aromatisieren. Es empfiehlt sich, die Samen erst kurz vor der Verwendung im Mörser zu zerkleinern, um das Aroma bestmöglich zu bewahren. Sternanis schmeckt sehr ähnlich wie Anis, obwohl er botanisch mit diesem gar nicht verwandt ist.

Sternfrucht, Karambole Diese Tropenfrucht ist in reifem Zustand leuchtend gelb und schmeckt wie ein sehr knackiger, leicht säuerlicher Apfel. Da Sternfrüchte nicht nachreifen, kauft man am besten per Flugzeug importierte Früchte, die reif geerntet und dann schnell verschickt wurden. Wird eine Karambole quer in Scheiben geschnitten, erhält man wegen der ausgeprägten Längsrippen dekorative Sterne, die beim Garnieren von Desserts, Salaten und Cocktails Verwendung finden.

Stockfisch Als es noch keine Kühlschränke gab, wurde frischer → Kabeljau als Vorrat eingesalzen und dann an der Luft getrocknet. Hängte man den ausgenommenen Fisch hierzu an Holzgestellen in den Wind, hieß er Stockfisch. Wurde der Kabeljau auf den Felsen am Meer in die Sonne gelegt, nannte man ihn Klippfisch. Heute findet man Stockfisch vor allem noch in der spanischen (Bacalao) und portugiesischen (Bacalhau) sowie als Torrfisk in der skandinavischen Küche. Vor dem Garen muss er mindestens zwölf Stunden gewässert werden, wobei man das

Wer sagte: Nein, diese Suppe esse ich nicht?

Der Suppenkasper
Pippi Langstrumpf
Gretel
Tim Mälzer in einer Kochshow

Wasser immer wieder wechselt, um das Salz herauszulösen. Stockfisch wird meist gedünstet und harmoniert gut mit den verschiedensten Gemüsesorten.

Stör Bestenfalls in russischen Restaurants wird Stör hierzulande noch zubereitet, dabei war er vor hundert Jahren noch ein echter Arme-Leute-Fisch. Sein Fleisch ist weiß, fest, schmackhaft und recht fettreich. In Russland wird er heute fangfrisch eingefroren, in Filets geschnitten, in der Sonne getrocknet oder als Delikatesse geräuchert. Frischer Stör kommt vor allem als Vorspeise in Aspik, gern aber auch als Hauptgericht auf den Tisch, meist ganz schlicht in Scheiben gebraten, als große Stücke gekocht oder gedünstet. Darüber hinaus ist er die Krönung jeder russischen Fischsuppe. In erster Linie aber liebt man den Stör für sein schwarzes Gold: den → Kaviar. Unter „Mutter und Kind" versteht man übrigens ein altes Gericht aus Störfilet und seinem Kaviar.

Strauß Es ist ein merkwürdiges Bild, in Deutschland die afrikanischen Laufvögel in einer Zuchtfarm zu sehen. Doch der Erfolg gibt den Züchtern recht: Straußenfleisch ist in den letzten Jahren sehr beliebt geworden, da es mager ist und wenig Cholesterin enthält. Verkauft wird es in erster Linie als Straußensteaks, als Filet und Straußenbraten von Keule oder Brust. Straußenfleisch ist fast so dunkel wie Rindfleisch und erinnert mit seinem würzigen Geflügelgeschmack an Truthahn. Es wird schön mürbe, wenn man es vor dem Braten mariniert. Aus Straußeneiern kann man große Mengen Rührei zaubern.

Süßkartoffel Diese Knolle sieht der Kartoffel äußerlich durchaus ähnlich, ist mit ihr aber botanisch nicht verwandt. Unter der gelblichen bis rotbraunen Schale des auch Batate genannten Gemüses verbirgt sich leuchtend orangefarbenes Fleisch, das in gekochtem Zustand einen süßlichen Geschmack hat. Man kann die Batate in Alufolie im Ofen backen oder auch einfach schälen, kochen und dann wie Kartoffeln mit Milch, Butter, Salz und Muskat zu einem schmackhaften Püree verarbeiten. Auch gebacken oder als Gratin sind sie eine leckere Beilage zu Fleisch oder Fisch.

T

Tandooripaste → Masala

Taube Anders als in Frankreich oder Italien kommen Wild- oder Haustauben bei uns recht selten auf den Tisch – vielleicht deshalb, weil sie aufgrund ihres massenhaften Auftretens als „Ratten der Lüfte" verschrien sind. Dabei hat dieses Geflügel feines weißes Fleisch; am zartesten sind natürlich junge Tauben. Man unwickelt sie mit Speck und brät sie im Ganzen – nach Wunsch auch noch gefüllt. Ältere Tiere kann man zu Ragout oder Täubchenpastete verarbeiten.

Tempeh → Sojabohne

Thunfisch Seit der Rechtschreibreform darf sich dieser Meeresbewohner auch Tunfisch nennen, aber viele mögen ihn lieber traditionell. Beim Fischhändler bekommt man meist den Roten Thunfisch, der häufig auch in Dosen landet. Weißer Thunfisch, auch Bonito genannt, ist wegen seines fast weißen und sehr aromatischen Fleischs besonders begehrt. In Spanien wird sein feines Bauchfleisch als edle Delikatesse (Ventresca de bonito) angeboten. Frischer Thunfisch schmeckt wunderbar als Steak vom Grill mit Olivenöl, Knoblauch und Kräutern. Der Gelbflossenthun wird vor allem in Asien gefischt und für Sushi, Sashimi oder als Carpaccio verwendet. Für diese Zwecke muss er absolut frisch und möglichst fettarm sein. In der Küche wird Thunfisch nur kurz angebraten und dann langsam im Ofen weitergegart, wobei man ihn nie ganz durchbraten sollte, da er sonst trocken wird. Am besten schmeckt er, wenn das Innere noch leicht glasig ist. Eine köstliche Vorspeise aus der italienischen Küche ist Vitello Tonnato: gekochtes und sehr dünn aufgeschnittenes Kalbfleisch, das mit einer Thunfisch-Kapern-Sauce überzogen und kalt serviert wird.

Thymian Das mediterrane Kraut, das mit Oregano und Majoran verwandt ist, gehört mittlerweile auch in Mitteleuropa zu den wichtigsten Küchenkräutern, zumal man ihn leicht im Topf halten kann. Thymian verleiht vielen Gerichten eine Prise Süden und passt gut zu Suppen und Saucen, Kartoffeln und Gemüsegerichten, zu Geflügel, Fleisch, Wild und in Fleischfarcen, zu Fisch und Meeresfrüchten und in köstliche Kräutersaucen und -quarks. Inzwischen gibt es auch aromatische Varianten wie den beliebten Zitronenthymian, der besonders Salaten eine frische Note gibt.

Tilapia In jüngster Zeit ist dieser Fisch aus der Familie der Buntbarsche so richtig in Mode gekommen, was wohl daran liegt, dass er sehr preisgünstig gezüchtet werden kann. In den Handel kommt er meist als Filet, das man vielfältig zubereiten kann: gebraten oder gegrillt, gedünstet, als Fischauflauf oder -curry sowie aufgrund des festen Fleischs auch als Fischröllchen mit Füllung.

Tintenfisch Schon die Tatsache, dass wir Sepia, Kalmar und Oktopus nur als Tintenfisch kennen, zeigt, dass es in der mitteleuropäischen Küche keine Tradition mit diesen Weichtieren gibt. Bestenfalls kennt man Calamari a la Romana: schwimmend ausgebackene Sepiaringe, die meist nur so von Panierung und Fett strotzen. In Südeuropa dagegen gibt es köstliche Zubereitungen mit Tintenfisch, etwa Sepia in eigener Tinte. Kalmare kann man grillen, dünsten oder mit einer feinen Farce füllen und dann schmoren. In Spanien wird der Oktopus (Pulpo) im Kräutersud gegart, dann die Tentakel mit einer Schere in Stücke geschnitten und mit scharfem Paprikapulver und Olivenöl serviert.

Tofu Um diese vielseitige Eiweißquelle zu gewinnen, werden zerkleinerte Sojabohnen gekocht und die ablaufende Flüssigkeit zum Gerinnen gebracht. Man spricht deshalb auch von „Sojaquark“. Tofu ist in Blöcken von etwa 200 bis 300 Gramm erhältlich und zunächst geschmacksneutral. Für herzhafte Gerichte mariniert man ihn mit → Sojasauce und/oder Kräutern und Gewürzen (gut passt Curry). Gebraten ist er ein Fleischersatz, man kann ihn aber auch zu herzhaften oder süßen Füllungen für Gemüse sowie zu Desserts verarbeiten. Im Handel gibt es Tofu auch geräuchert oder mit Kräutern sowie in Form von Tofubratlingen und -„würsten“.

Tomate Völlig zu Recht nennen die Österreicher dieses Obst

Was ist Tofu?

Ziegenkäse
Schafskäse
Sojaquark
Gestockte Milch

(!) Paradeiser. Mancherorts sagt man auch Paradies- oder Liebesapfel, doch all dies trifft nur dann zu, wenn man sonnengereifte und wirklich aromatische Früchte bekommt. Tomaten schmecken dann geradezu süß. Durch die Vielfalt der Züchtungen gibt es heute für jeden Zweck bestimmte Sorten: Fleischtomaten zum Füllen, Gemüsetomaten für Salate, Suppen und Saucen, Kirschtomaten für Salate und als Garnitur. Die Auswahl an Formen reicht von Flaschen- über Eier- bis zu gerippten Tomaten; und es gibt sie nicht nur als rote Früchtchen, sondern auch in Gelb. Aus Größe und Form auf die geschmacklichen Eigenschaften zu schließen, ist nicht so einfach. Generell sind große Fleischtomaten meist mehliger und weniger aromatisch als kleine runde Früchte. Auf jeden Fall lohnt es sich, an der Sonne gereifte Freilandtomaten winterlich geschmacklosen Gewächshausexemplaren vorzuziehen.

Da bei der Tomate als Nachtschattengewächs grüne Stellen giftig sind, sollte man den Stielansatz immer herausschneiden. Um Tomaten zu häuten, werden sie kreuzweise angeritzt und kurz in kochendes Wasser gegeben. Dann schreckt man sie in Eiswasser ab – und kann die Haut jetzt ganz leicht mit einem kleinen Messer abziehen. Enthäutete, entkernte und gewürfelte Tomaten dienen als Concassé zur Garnitur oder als Suppeneinlage und werden auf geröstetem Brot mit Knoblauch und Olivenöl zum italienischen Bruschetta oder zum spanischen Pan con tomate. Übrigens kann man neben vielen verschiedenen Tomatengerichten aus Tomaten selbst Chutney oder einen Brotaufstrich herstellen. Grüne Tomaten, wie man sie in den USA als gebackenes Gemüse kennt, sind eine eigene Gemüseart und mit der Tomate nur entfernt verwandt.

Totentrompete Der Name klingt nicht gerade vertrauenerweckend, dennoch ist die Herbst- oder Totentrompete ein guter Speisepilz, den man in Frankreich sogar „Trüffel der Armen“ nennt. Der trichterförmige schwarzbraune Pilz sollte nicht roh gegessen werden und entfaltet sein Aroma am besten als getrockneter Würzpilz. Frische Pilze sind häufig etwas zäh und werden deshalb recht klein geschnitten. Gekocht oder gedünstet schmecken sie in Suppen und Saucen, Terrinen und Füllungen sowie mit Sahne und Petersilie zu Pasta.

Topinambur Diese Pflanze mit ihren leuchtend gelben Blüten zählt zur selben Gattung wie die Sonnenblume. Ihre Wurzelknolle, auch Rosskartoffel genannt, kannte man vor einiger Zeit bestenfalls noch in Form von Schnaps. Derzeit aber erlebt Topinambur eine Renaissance im Kochtopf. Das Wurzelgemüse hat einen ganz eigentümlichen Geschmack, ist leicht süßlich und kann roh oder gekocht genossen werden. Die Knollen schmecken

Techniken!

Ziel des **Abschreckens** ist es, den Garprozess schlagartig zu unterbrechen oder – bei Gemüse wie Bohnen oder Brokkoli – die Farbe zu erhalten. Um dies zu erreichen, wird das Gargut kurz in kaltes Wasser getaucht.

Mit **Anschwitzen** meint der Koch das kurze Garen von Gemüse in wenig Fett und bei geringer Hitze. Das Gemüse „schwitzt" seinen Saft aus und gart dabei langsam. Zwiebeln und Schalotten werden glasig und weich, ohne dabei zu bräunen.

Mit **Arrosieren** meint der Koch das Begießen eines Bratenstücks während des Bratvorgangs mit heißem Bratensaft.

Beim **Bähen** werden Weißbrot oder Brötchen im Ofen leicht gebräunt. Dafür wird zumeist älteres Gebäck in Scheiben geschnitten oder gewürfelt und ohne Fett im Backofen getrocknet. Die dann entstandenen Gebäckstreifen oder Würfel werden als Beilage zu Suppen oder Salaten gereicht.

Beizen nennt man das Einlegen von rohem Fleisch in einer Marinade aus Essig oder Wein, Gewürzen, Kräutern und Salz. Zumeist werden rohes Fleisch oder Fisch gebeizt, um ihnen Geschmack zu verleihen oder auch um das Produkt haltbar zu machen.

Blanchieren ist die Bezeichnung für das kurzzeitige Eintauchen von Lebensmitteln in kochendes Wasser. Die Oberfläche von Fleisch nimmt beim Blanchieren eine weißliche Farbe an, daher der Name.

Unter **Blondieren** versteht der Koch das leichte Anbräunen von Knoblauch, Zwiebelwürfeln und anderem in heißem Fett. Dazu werden die Würfel angebraten, bis sie eine hellbraune („blonde") Färbung angenommen haben.

Mit dem Begriff **Brunoise** wird beim Kochen die Art und Weise vorgeschrieben, wie das Gemüse geschnitten werden soll. Paprika, Lauch oder Zwiebeln sollen in diesem Fall in sehr kleine Würfel geschnitten werden, damit sie sich als Einlage in Suppen eignen.

Bei der **Chemisierung** erhalten Speisen einen Überzug aus Gelee oder anderen Füllungen. Dadurch sollen Speisen im Geschmack verfeinert werden oder frischer aussehen und vor Austrocknung geschützt werden.

Für **Concassé** werden Tomaten enthäutet, entkern und gewürfelt. Tomatenconcassé ist eine beliebte Garnitur, zum Beispiel auf Seezungenröllchen, dient aber auch als Einlage in klaren Brühen.

Dämpfen ist eine besonders schonende Garmethode mit Wasserdampf bei Temperaturen bis zu 100 °C. Zum Dämpfen besonders geeignet sind zarte Gemüse, Getreideprodukte, fettarme Fische aber auch zartes Fleisch oder Kartoffeln.

Der Begriff **Degustieren** wird oft bei Weinproben benutzt. Gemeint ist das Abschmecken oder Verkosten von Lebensmitteln. Dies können sowohl professionelle Verkostungen, die der Begutachtung von Produkten dienen, sein als auch Verkaufsverkostungen für Laien.

Dekantieren ist der Fachbegriff für das vorsichtige Umgießen von Wein. Rotwein sollte aus der Flasche in eine Karaffe dekantiert (umgefüllt) werden, damit sie durch den Kontakt mit Sauerstoff ihr Bukett besser entfalten können. Darüber hinaus wird unerwünschter Weinstein und Bodensatz („Depot") vom Wein getrennt.

Demoulieren ist eine französische Küchenvokabel und bezeichnet das Stürzen von Speisen. Es bedeutet, ein fest gegartes oder geliertes Gericht aus einer Form oder einem Behältnis zu stürzen, indem es auf den Kopf gestellt wird.

Beim **Dressieren** legt der Koch das Geflügel auf den Rücken, biegt beide Flügelspitzen nach hinten und steckt sie dann unter den Rücken. Dann wird der Körper mit beiden Händen zusammengedrückt, dass die Brust straff und gewölbt ist. Die Keulen werden vorne zusammengebunden und der Bürzel darunter geschoben.

Dünsten ist eine Zubereitungstechnik, bei der Fisch, Fleisch oder Gemüse und wenig Fett in etwas Flüssigkeit wie beispielsweise Wein, Brühe bzw. Fond oder auch einfach nur Wasser gegart wird. Diese Methode ist sehr fettarm und eignet sich insbesondere für Diätkost.

Unter **Entbarten** versteht man im Küchenlatein das ruckartige Abziehen des Muschelbartes vom Muschelkörper. Der Muschelbart, mit dem sich die Muschel am Meeresgrund festsetzt, gilt in der feinen Küche als ungenießbar.

Eine **Farce** (französisch für „Füllung") ist eine Masse aus fein gehacktem Fleisch und Gemüse, gut gewürzt und mit Eiweiß oder Sahne gebunden. Farcen werden zur Füllung von Pasteten, Fleisch- und Fischgerichten oder als Beilage und Suppeneinlage verwendet.

Beim **Ficilieren** wird ein Kern von fein gehacktem Fleisch in Kohlblätter eingerollt und dann mit Fäden umwickelt, damit das ganze beim Kochen nicht auseinanderfällt.

Das **Finissieren** ist eine spezielle Zubereitungs- bzw. Anrichtungsart bestimmter Lebensmittel, insbesondere von Würsten. Dabei wird kurz vor dem Servieren die Haut in vier Teilen abgezogen, wobei darauf geachtet wird, dass die Wurst ihre typische Form behält.

Beim **Flambieren** wird die Speise mit Rum, Kirschwasser oder Ähnlichem übergossen. Der verdunstende Alkohol wird entzündet. Durch das Flambieren nimmt die Speise die Aromastoffe der verwendeten Spirituose an, wodurch der Geschmack der Speise verfeinert wird.

Frappieren bedeutet, etwas schnell mittels Eis und/oder Salz und Wasser abzukühlen.

Frittieren oder Ausbacken nennt der Koch die Garmethode, wenn er etwas „schwimmend backt". Durch die wesentlich höheren Temperaturen als beim Kochen (von 140 bis 190 °C) bildet sich eine trockene Kruste und aromatische Röststoffe.

Bei einem **Gratin** werden zum Beispiel Kartoffeln mit einer Mischung aus Ei, Sahne und Käse überbacken und als Beilage zu Fisch oder Fleisch gereicht.

Julienne ist der Fachbegriff für eine beim Kochen verwendete Schneidart von Gemüse. Dabei wird das Gemüse in sehr feine dünne Streifen geschnitten.

Jus (französisch für „Saft, Brühe") steht im Küchenlatein für konzentrierten, entfetteten Fleischfond oder Bratensaft. Er dient zur Verfeinerung von Bratensaucen, zum Ablöschen oder kalt in Würfel geschnitten als Garnitur von Aufschnitt und kaltem Braten.

Beim **Kandieren** wird etwas in konzentriertem Zuckersirup eingelegt und der Zuckergehalt von essbaren Pflanzenteilen, zum

Beispiel Früchten, auf mindestens 70 Prozent erhöht und der Wassergehalt reduziert.

Karamellisieren nennt der Koch das starke, trockene Erhitzen von Zucker, wodurch der Zucker sich in Karamell verwandelt und zu einer hellgelben bis dunkelbraunen, glänzenden Masse mit typischen Röstaromen wird.

Beim **Mazerieren** werden zum Beispiel Früchte oder Biskuit entweder mit Puderzucker bestreut und mit einer aromatischen Spirituose durchtränkt oder mit Likör beträufelt. Danach lässt der Koch die Speise einige Zeit im Alkohol ziehen.

Von **Montieren** spricht man, wenn eine Suppe oder Sauce, eine Creme oder ein Püree mit dem Schneebesen bearbeitet wird. Meist wird dazu auch kalte Butter aufgeschlagen. Das Ziel: Die Speise soll cremig, leicht und luftig werden.

Beim **Nappieren** werden Speisen mit einer Sauce überzogen. Anders als beim Saucieren, bei dem die Sauce unter oder neben die Speise gegeben wird, wird beim Nappieren die Speise mit der Sauce bedeckt.

Parieren ist das Befreien von Fisch, Geflügel oder Fleisch von unerwünschten oder nicht essbaren Teilen, wie etwa Haut, Sehnen oder Fett.

Pochieren ist eine sanfte Garmethode in heißem, nicht kochendem Wasser. Die Bezeichnung Pochieren geht auf die Zubereitung von verlorenen Eiern zurück, bei denen der Dotter vom Eiklar durch geschicktes Hineingleitenlassen ins Wasser umhüllt wird.

Reduzieren ist das Einkochen von Flüssigkeiten durch längeres Erhitzen im offenen Topf, dadurch wird der Geschmack von einer Brühe oder Sauce konzentrierter.

Beim **Revenieren** von Fleisch wird es kurz in einer sehr heißen

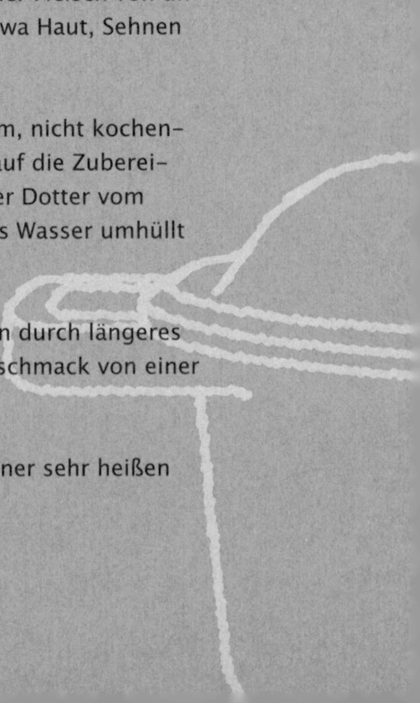

Pfanne angebraten. Durch das schnelle Anbraten schließen sich die Poren des Fleischstücks und der Saft bleibt darin.

Unter **Sautieren** versteht der Koch, etwas nur kurz anzubraten. Das dünn geschnittene oder zerkleinerte Gargut, beispielsweise Geschnetzeltes, brät in einer Pfanne mit hohem Rand (Sauteuse) bei starker Hitzeeinwirkung. Es wird nur so viel in die Pfanne gegeben, dass das Gargut genug Platz hat, um die Hitze schnell aufzunehmen.

Beim **Spicken** werden Speckstreifen so durch die obere Fleischschicht gezogen, dass die Enden der Streifen noch zu sehen sind. Dadurch wird das Austrocknen beim Braten verhindert und der fette Speck verleiht dem Braten zusätzliches Aroma. Meist werden mageres Rindfleisch oder Wildbret gespickt.

Der Begriff **Tranchieren** bezeichnet das in Scheiben Schneiden oder das richtige und kunstvolle Zerlegen von zubereitetem Fleisch, Fisch, Geflügel, aber auch von Obst und Gemüse.

Trempieren kommt aus dem Französischen und bedeutet, eine Zutat in Flüssigem zu tunken. Dabei wird zum Beispiel eine Praline oder Marzipan in Kuvertüre getunkt.

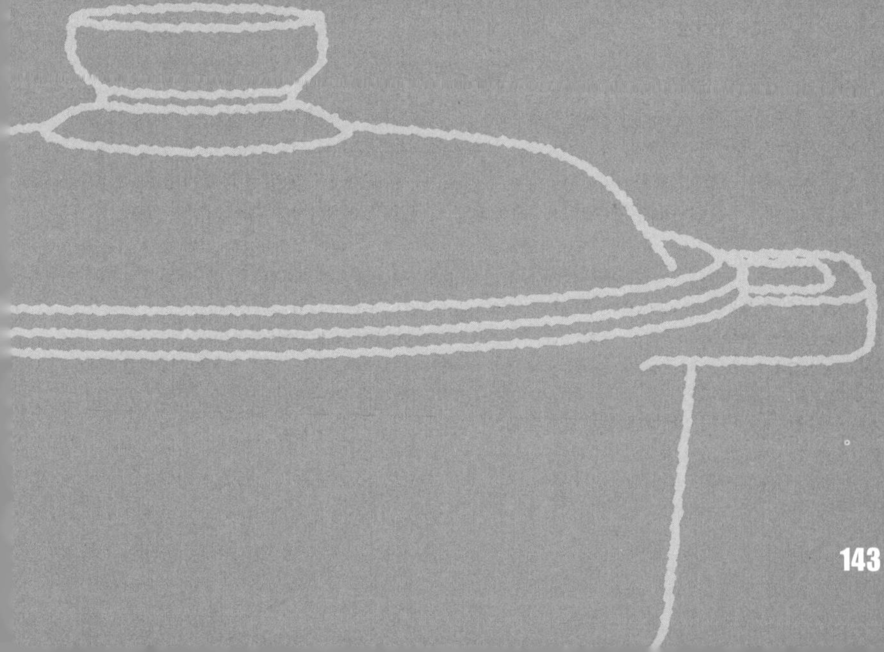

gebacken oder gedünstet genauso wie als Püree sowie als Gratin zu Rind oder Lamm.

Traube Als Traube bezeichnet man korrekterweise den ganzen Fruchtstand der Weinrebe. Das einzelne Früchtchen dagegen ist botanisch eine Weinbeere – und dennoch darf man für den Verzehr bestimmte Exemplare ganz einfach Tafeltrauben nennen. Es gibt sie von hellgelb und grün bis hin zu schwarzblau, wobei die kernlosen Sorten als Frischobst immer beliebter werden. Als Königin der Trauben gilt die Muskattraube, die honigsüß und geradezu würzig schmeckt. Nicht abschrecken lassen sollte man sich von sehr kleinen Sorten, die oft besonders aromatisch sind. Trauben schmecken pur, in herzhaften und Obstsalaten, auf Kuchen und Torten. Sie passen ideal zu Käse und auch zu Fleisch, vor allem zu Wildgeflügel, und ergeben einen schmackhaften Saft. Vor dem Verbrauch sollte man sie sehr gründlich waschen, da Trauben oft kräftig gespritzt werden.

Trüffel Als „Diamant der Küche" ist die Trüffel der begehrteste und teuerste Speisepilz. Bei Gourmets steht Weiße Trüffel oder auch Alba-Trüffel aus dem italienischen Piemont an erster Stelle, die von Ende September bis Ende Dezember frisch zu haben ist - übrigens auch aus anderen Regionen Italiens, aus Istrien und Frankreich. Auch die Schwarze Trüffel aus dem französischen Périgord ist nicht zu verachten. Sie reift zwischen Dezember und März, und man erkennt sie an schwarzer narbiger Rinde und schwärzlichem Fruchtfleisch, das von feinen weißen Adern durchzogen ist. Weit weniger aromatisch und deshalb auch viel billiger sind weiße und schwarze Sommertrüffeln, die auch nördlich der Alpen gedeihen.
Erstklassige Trüffeln sind fest, duften intensiv aromatisch, haben keine Wurmlöcher und sind sauber, sodass unschöne Stellen nicht verdeckt sein können. Man lagert sie am besten im Kühlschrank, einzeln in leicht angefeuchtetes Küchenkrepp, dann in ein sauberes Geschirrtuch gewickelt. Alba-Trüffeln werden stets roh verwendet. Am besten hobelt man hauchdünne Scheiben über heiße, fetthaltige Speisen – ob Pasta oder Risotto, Kartoffel- oder Eierspeisen, Fleisch oder Fisch. Auch die schwarze Périgord-Trüffel schmeckt roh, sie kann aber auch mitgegart oder sogar in Portwein konserviert werden. Im Restaurant sollte man sich die feine Knolle immer am Tisch übers Essen reiben lassen, denn es kommt durchaus vor, dass geschälte schwarze Trüffel als Alba-Trüffel aufgetischt werden. Vorsicht auch bei Trüffelöl, -pasta, -käse und -wurst; sie verdanken ihren Geschmack oft künstlich aromatisiertem Trüffelöl.

Truthahn → Pute

V

Vanille Die Vanille gehört zur Familie der Orchideengewächse. Als Gewürz werden die Fruchtkapseln verwendet, die in Mexiko und auf den Inseln des Indischen Ozeans unreif geerntet werden. Da sie zunächst nach gar nichts schmecken, werden sie einer komplizierten Fermentierungsprozedur unterzogen, die das herrliche Aroma zum Vorschein bringt. Je nach Anbauregion schmeckt die Vanille sehr unterschiedlich, am beliebtesten ist bei uns die Bourbon-Vanille aus Madagaskar. Die ganzen getrockneten Schoten werden in Glasröhrchen verkauft, um das Aroma zu bewahren. Mit Vanille werden nicht nur Desserts, Schokoladen, Backwaren und Speiseeis aromatisiert. Immer mehr setzt sich auch die Verwendung des edlen Aromas für Cremesuppen, Fischgerichte und helles Fleisch durch. Das Vanillin steckt übrigens größtenteils nicht im Vanillemark, sondern in der Schote - diese also unbedingt mitverwenden, das heißt in der Speise mitkochen oder auch in ein Schraubglas mit Zucker stecken, der dann den Geschmack annimmt. Abgetrocknet kann man die Schote mehrmals verwenden. Übrigens enthält handelsüblicher Vanillinzucker keine Spur echter Vanille, sondern wird mit anderen Pflanzen oder sogar künstlich aromatisiert.

Venusmuschel Spaghetti vongole hat wohl jeder schon mal gegessen. Aber darüber hinaus wissen viele mit der kleinen würzigen Muschel wenig anzufangen. Dabei lässt sie sich auf vielerlei Arten zubereiten und sogar raffiniert mit Fleisch kombinieren. Venusmuscheln schmecken im Wein-Gemüse-Sud ebenso wie in Fischsuppen und Reisgerichten. Wie bei allen Muscheln gilt: Geöffnete Exemplare vor dem Garen unbedingt aussortieren und wegwerfen!

Victoriabarsch Die ursprüngliche Form dieses schmackhaften

Utensilien!

Die **Bain-Marie** ist ein beheizbares Wasserbecken. Neben dem langsamen Erwärmen von empfindlichen Speisen sowie zum Schmelzen von Schokolade wird dieses Küchengerät in der Gastronomie auch zum Warmhalten von Soßen, Suppen oder auch Gulasch benutzt, um die Speisen schneller servieren zu können.

Die **Braisière** ist eine gusseiserne Pfanne oder ein Schmortopf mit hohen Wänden und eignet sich gut zum Schmoren und Dämpfen. Die hohen Wände sorgen dafür, dass nichts überkocht.

Ein **Caquelon** ist ein Fonduegefäß. Der Begriff stammt aus dem Französischen und ist vor allem in der Schweiz verbreitet. Es ist ein Topf aus Steingut, Keramik, Gusseisen oder Porzellan. Der Boden eines Caquelons muss eine gewisse Mindestdicke aufweisen, damit der geschmolzene Käse nicht anbrennt.

Mit der **Cloche** (frz. für Glocke) - einer silbernen Haube - werden Tellergerichte kurzfristig in der Küche eines Restaurants warm gehalten und zum Tisch des Gastes getragen. Das Servicepersonal entfernt dann gleichzeitig die Cloches aller Teller an einem Tisch.

Der **Dampfbackofen** kann beides: trockene und feuchte Hitze. Beide Beheizungsarten können sogar kombiniert werden - so wird der Braten saftig und kross.

In einer **Dariole** kann man Gelee, Eistich, Farcen und Süßspeisen herstellen. Eine Dariole ist ein Becher oder ein Förmchen, in dem man kleine Stücke von Gemüse oder Fisch gelieren und garen kann. Danach wird die Dariole gestürzt und die Speise serviert.

Das **Dekoriermesser** mit einer spitzen, scharfen und meist v-förmigen Klinge dient dazu, Früchte und Gemüse attraktiv anzurichten. Beim Filieren werden zum Beispiel Orangen- oder Zitronenspalten aus den Trennhäuten gelöst.

Der **Espuma-Siphon** funktioniert wie ein Sahnespender im Isoliermantel und dient Fans der Molekularküche zur Herstellung von Schäumen (Espumas), Mousses und Cremes. Mithilfe von Stickstoff werden so aus Zutaten luftige Schäume.

Eine **Etuve** ist ein Wärmeschrank oder auch Trockenschrank. Er dient zum Warmhalten von Speisen. Der Begriff stammt aus Frankreich.

Im **Fleischwolf** wird das Fleisch oder ein anderes Lebensmittel mittels einer Förderschnecke durch eine Lochscheibe gedrückt. Die dabei entstehenden dünnen Würste werden durch ein rotierendes Messer in kleine Stücke zerschnitten.

Die **Flotte Lotte** ist ein Küchengerät zum Passieren von Gemüse und anderen Lebensmitteln. Das topfartige Gerät hat einen siebartigen, meist leicht geschrägten Boden, über den eine Welle mit rotorartigen Blättern angebracht ist. Mit einer Kurbel werden die Blätter gedreht und pressen die im Gerät befindlichen Lebensmittel durch das Sieb.

Eine **Kasserolle** ist ein flacher Topf mit Stiel, daher auch Stielkasserolle, oder zwei Henkeln, einer großen Bodenfläche und einem steilen Rand. Die Kasserolle eignet sich vor allem zum Braten oder Schmoren.

Dass wütende Ehefrauen hinter der Tür stehen und ihren spät heimkehrenden Ehemännern mit dem **Nudelholz** eins überziehen, ist bis heute nicht bewiesen. Richtig ist aber, dass das Nudelholz nicht nur zum Nudelmachen, sondern auch zum Ausrollen von Teig für Kuchen und Torten benutzt wird.

Bei der **Platt-Menage** handelt es sich um ein Küchenutensil zur Aufbewahrung von Tischgewürzen, insbesondere Pfeffer, Salz, Öl und Essig. Meist steht eine Platt-Menage in Restaurants bereits auf den Gästetischen oder kann zum Nachwürzen erbeten werden.

Ein **Rechaud** ist ein Tischgerät zum Warmhalten oder Erhitzen von Speisen und Getränken. Es funktioniert mit einer offenen Flamme und wird entweder mit Brennspiritus, Gas oder Teelichtern betrieben.

Eine **Rotissoire** ist eine Bratpfanne oder Brüter mit hohen Wänden extra zum Zubereiten eines Bratens.

Der **Salamander** ist ein Grill ausschließlich mit starker Oberhitze und eignet sich damit bestens zum schnellen Glasieren oder Gratinieren. Er heißt Salamander, weil der rot glühende, geschlängelte Heizstab entfernt an Form und Farbe des Lurchs erinnert.

Eine **Sauciere** ist eine ovale Schüssel für Soßen, manchmal mit einer Art Tülle zum Gießen. Aus ihr kann man dann die Soße auf den Teller gießen und verteilen.

Eine **Sautoir** ist eine Schwenkpfanne mit hohem Rand. Sie eignet sich gut für das schnelle Anbraten von Fleischstückchen oder aber auch zum Schwenken von Gemüse in Butter.

Eine **Sorbetiere** ist eine Eismaschine zur Herstellung von Sorbets und Eiscreme. Sorbet ist die Bezeichnung für ein eiskaltes Getränk oder eine halb gefrorene Speise aus Fruchtsaft, Fruchtpüree und Zucker. Ein Klassiker ist Zitronensorbet.

Utensilien

Ein **Spritzbeutel** ist eine spitze Tüte aus wasserdichtem Gewebe mit einer Spritztülle am unteren Ende. Sie dient dem Koch oder Konditor zum dekorativen Auftragen von Schlagsahne, Cremes, Mayonnaise und Ähnlichem.
Der **Thermomix** ist eine Kreuzung aus Mixer, Kochtopf und Waage. Das elektrische Multitalent zerkleinert Zutaten, dient zur Herstellung von Pürees, Mousses, Farcen und sogar Babynahrung. Und er gart das Ganze dann auch gleich.

Der **Vakuumierer** wird nicht mehr nur zum luftdichten Verschließen von Lebensmitteln und Frischhalten eingesetzt. Immer mehr Köche schätzen die Garmethode, Fisch oder Fleisch auch gleich im verschweißten Beutel schonend zuzubereiten, indem er kurz im heißen Wasserbad zieht.

Weckgläser sind Einmachgläser mit Gummiringen. Während des Einkochens bleiben die Gläser geschlossen; das Einwecken dient der Sterilisierung und damit Haltbarmachung von Lebensmitteln ohne chemische Zusätze.

Ein **Wiegemesser** besteht aus einer oder auch zwei parallel miteinander verbundenen gebogenen Klingen von etwa 15 bis 20 Zentimeter Länge mit senkrecht stehenden Griffen an beiden Enden. Sie werden beidhändig gehalten und die Zutaten, beispielsweise Kräuter, damit mit wiegenden Bewegungen zerkleinert.

Ein **Wok** ist eine durchgehend gewölbte Pfanne mit großem Durchmesser, die in der asiatischen Küche zu den wichtigsten Geräten gehört.

Was enthält vergleichsweise am wenigsten Vitamin C (pro 100 g)?

Kiwi
Paprika
Zitrone
Hagebutte

Speisefisches ist der Nilbarsch, der – wie der Name schon sagt – im Nil heimisch ist. Vor etwa 50 Jahren wurde er auch im afrikanischen Victoriasee angesiedelt; dort ist seither das ökologische Gleichgewicht völlig zusammengebrochen. In Europa wird er sehr häufig und sehr preiswert verkauft, weshalb die Verwendung von Victoriabarsch höchst umstritten ist. Eine vertretbare Alternative ist der Buntbarsch (→ Tilapia).

Wacholder Wer kennt nicht das Gefühl, beim Sauerkraut auf eine Wacholderbeere zu beißen? Dies ist nicht im Sinne des Erfinders, denn die würzigen Beeren sollen Speisen zwar ihr Aroma vermitteln, sind zum direkten Genuss aber nicht geeignet, weshalb man sie vor dem Servieren am besten wieder aus dem Topf fischt. Die leicht bittere Wacholderbeere unterstützt mit ihren ätherischen Ölen die Verdaulichkeit schwerer Speisen und findet deshalb vor allem bei Sauerkraut und Wildgerichten Verwendung. Er darf aber auch nicht in der Marinade für Sauerbraten fehlen und bringt ein gutes Aroma an Fischmarinaden. Die Spirituosen Gin, Genever und Steinhäger werden ebenfalls auf Wacholderbasis hergestellt.

Wachtel Dieses Vögelchen ist das kleinste unter den Wildgeflügelarten und wird heute nur noch aus Zuchtbeständen angeboten. Man rechnet ein bis zwei Wachteln pro Person und wickelt sie vor dem Schmoren in Speck oder Weinblätter. Eine dekorative Köstlichkeit sind auch die Wachteleier, die hart gekocht mit ihrer gefleckten Schale witzig aussehen oder als Mini-Spiegeleier serviert werden - gern als Beigabe zur gebratenen Wachtel.

Waldmeister Weil sie im Frühsommer blüht, wird diese Pflanze auch Maikraut genannt. Für Maibowle benutzt man die Pflanze vor der Blüte, die man trocknen oder leicht welken lässt, denn nur so entwickelt sich das typische Aroma. Es stammt vom Inhaltsstoff Cumarin, der als leichtes Gift gilt. Also sparsam dosieren! Die Bierspezialität Berliner Weiße wird gern mit Waldmeistersirup aromatisiert.

Waller (Wels) Wer fetten Fisch nicht mag, muss beim Wels oder Waller unbedingt nach jungen Exemplaren Ausschau halten. Dann kann man sich meistens über angenehm aromatisches weißes Fleisch mit wenig Gräten freuen, das sich sowohl braten als auch grillen oder backen lässt. Gut schmeckt Waller im Bierteig. In den USA ist Wels als Catfish so etwas wie eine Nationalspeise und wird meistens paniert und im Fett schwimmend ausgebacken.

Walnuss Der Kern dieser Steinfrucht sieht nicht nur aus wie ein Gehirn, er soll durch den hohen Gehalt an Omega-3-Fettsäuren und B-Vitaminen tatsächlich die Denk- und Konzentrationsfähigkeit verbessern. Einmal geknackte Nüsse sind nur begrenzt haltbar, deshalb kauft man am besten ganze Nüsse und öffnet sie kurz vorm Verzehr mit einem Nussknacker. Auf dem Weihnachtsteller dürfen Walnüsse als Knabberei nicht fehlen, und sie passen in vielerlei Gebäck, aber auch in Salate. Im Orient kennt man viele herzhafte Fleisch- und Gemüsegerichte mit den köstlichen Kernen. Junge, noch grüne Walnüsse kann man samt Schale essen; sie schmecken leicht säuerlich. In manchen Ländern werden sie in Zuckersirup eingelegt und als „grüne Nüsse" zum Nachtisch gegessen – auch wenn sie dann ganz schwarz aussehen. Auch Nusslikör entsteht aus unreifen Walnüssen. Dagegen wird Walnussöl aus reifen und sehr fettreichen Nusskernen gewonnen. Es enthält viel gesunde Linol- und Linolensäre, schmeckt nussig und ein klein wenig bitter und verleiht vor allem Salaten und Gemüsegerichten eine feine Note und kann sogar für Süßspeisen und Gebäck verwendet werden. Da Walnussöl schnell ranzig wird, sollte man es kühl und dunkel aufbewahren – und es möglichst schnell zu verbrauchen fällt auch nicht schwer.

Was ist Wasabi?

- Japanischer grüner Meerrettich
- Indischer Curry
- Japanische Zwergchilis
- Argentinische Chilis

Wasabi Diese fast schon giftgrüne Wurzel ist eine sehr scharfe asiatische Unterart des Meerrettichs. Im Asienladen bekommt man Wasabi in Pulverform (mit Wasser anzurühren) oder als Paste. Sie dient in der japanischen Küche als Gewürz und wird gern gemeinsam mit Sojasauce und eingelegtem Ingwer zu Sushi und Sashimi gereicht. Wasabi muss sehr, sehr sparsam verwendet werden, da er schon in kleinen Mengen Rachen und Nase bis zum Brennen kitzelt. Außerdem verliert Wasabi beim Kontakt mit Luft schnell Aroma und Würze, da die ätherischen Öle schnell verduften. Also immer schnell und gut verschließen!

Weinblätter Obwohl es in deutschen und österreichischen Anbaugebieten Weinreben in Hülle und Fülle gibt, werden die Blätter des Weinstocks hierzulande nicht in der Küche verwendet - ganz anders als etwa in Griechenland und in der Türkei. Dort werden die säuerlich und ein wenig bitter schmeckenden Blätter vor allem zum Füllen mit Reis oder Hackfleisch benutzt, manchmal auch noch angereichert mit Pinien- oder Walnusskernen. Die sogenannten Dolmades werden in Brühe oder Weißwein gegart; man isst sie kalt mit dem Knoblauch-Gurken-Joghurt Zaziki oder warm mit einer säuerlichen Sauce. Eingelegte Weinblätter kann man in griechischen und türkischen Läden direkt aus dem Fass oder als Konserve kaufen.

Weißkohl, Weißkraut Dass Weißkraut als das deutsche Gemüse schlechthin gilt, sieht man schon daran, dass Engländer und Amerikaner uns spöttisch als Krauts bezeichnen. Weißkraut hat oft etwas Derbes, vor allem wenn man es klassisch mit Speck und Kümmel kocht, mit Fleisch und Würsten zu Kohlsuppe verarbeitet oder die blanchierten Blätter mit Hackfleisch zu Krautwickeln (Kohlrouladen) rollt. Es geht aber auch dezenter: So lieben die Schwaben auch gebratenes Weißkraut mit breiten Nudeln (Krautfleckerl), in Österreich gibt's feine Krautstrudel. Auch in Wokgemüsen kommt in Streifen geschnittener Weißkohl gut zur Geltung, vor allem wenn er nicht zu weich gedünstet wird. Krautsalat kann man entweder aus rohem, aus leicht blanchiertem oder auch aus gekochtem Weißkohl herstellen, immer jedoch passt Kümmel als Gewürz. Für Sauerkraut wird Weißkraut fein geschreddert und dann milchsauer vergoren; es wird also entgegen der landläufigen Meinung kein Essig zugesetzt. In der Regel ist Sauerkraut eine Beilage, zum Beispiel zu Bratwürsten, und wird gekocht gegessen. Roh als Salat ist es ein guter Vitamin-C-Spender.

Weizen Das Getreide mit den eleganten Ähren und dem schneeweißen Samenkern ist eines der wichtigsten Grundnahrungsmittel in Europa. Es ernährt Millionen Menschen in Form von Brot und Brötchen, Pizza, Pasta und Mehlspeisen. In großen Mengen wird Weizen als ausgemahlenes Weißmehl verkauft, außerdem als Vollkornmehl, Grieß und in ganzen Körnern. Letztere sind in der Naturkostbewegung beliebt und werden gern wie Reis gekocht und dann Suppen, Eintöpfen oder Füllungen beigefügt.

Weizenkeimöl Preiswert ist dieses edle Speiseöl nicht, was sich schon daraus erklärt, dass es aus den winzigen Keimlingen des Weizenkorns gewonnen wird. Dafür gilt es als überaus gesund und kann nicht nur im Salat, für Rohkostplatten und Dips, sondern auch zur Hautpflege benutzt werden. Nach der Kochzeit kann man es auch über Suppen, Saucen und Gemüsegerichte träufeln. Aber auf

Aus aller Welt!

Adana Kebap ist eine Spezialität aus der türkischen Stadt Adana. Auf Spießen werden gut gewürztes Hackfleisch und verschiedene Gemüse wie Tomaten, Paprika und Zwiebeln über Holzkohle gegrillt. Dazu gibt es frisches Fladenbrot und Joghurt.

Der Name **Bifteki** kommt vom englischen „beef steak". In Griechenland versteht man darunter Frikadellen aus Rinderhackfleisch, das mit Bröseln von Toastbrot, Zwiebeln, Olivenöl, Eiern, Milch, Petersilie und verschiedenen Gewürzen vermischt wird. Als Variante gibt es Bifteki auch mit Schafskäse gefüllt.

Bitterballen sind frittierte Fleischkroketten aus gehacktem Rind- oder Kalbfleisch, mit einem Durchmesser von ca. 3 cm. Sie werden vor allem in den Niederlanden gegessen und sind dort als Snack beliebt, den es an Imbissbuden gibt. Dazu wird traditionell ein Magenbitter getrunken, daher auch der Name der kleinen Kroketten.

Blutenten werden durch Ersticken getötet, damit ihr Blut im Körper bleibt. Dadurch ist das Fleisch rötlicher und gilt als zarter. Tradition hat diese Schlachtmethode in Frankreich; in Deutschland sind Blutenten verboten. Das Pariser Restaurant „Tour d'Argent" hat Blutente seit Jahrzehnten als Spezialität auf der Karte stehen.

Borschtsch ist eine Suppe, die traditionell mit Roter Bete zubereitet wird und in Osteuropa, vor allem in Russland, Polen, Ukraine und Weißrussland, sehr verbreitet ist. Russischer Borschtsch besteht aus unvergorenen Roten Beten, Zwiebeln, Weißkohl, Karotten, Kartoffeln, Tomaten und Rindfleisch.

Die **Bouillabaisse** ist eine klassische Fischsuppe der französischen Küche und wird aus verschiedenen Fischen (Drachenkopf, Seeteufel, Seewolf, Knurrhahn, Saint-Pierre, Wolfsbarsch und Rotbarben) und Meeresfrüchten des Mittelmeeres und viel Gemüse zubereitet. In Südfrankreich, vor allem in Marseille und anderen Hafenstädten, hat jeder Ort sein eigenes Rezept.

Ein **Burrito** (span. für kleiner Esel) ist ein Gericht aus der texanisch-mexikanischen Küche. Dafür werden in eine weiche Tortilla unter anderem Hackfleisch, Bohnen, Reis, Tomaten, Avocado oder Käse eingewickelt. Burritos werden schon fertig gefüllt und gerollt serviert, während bei Fajitas Weizentortillas und Zutaten einzeln serviert und dann vom Gast selbst individuell gefüllt und gegessen werden.

Caesar Salad ist ein international bekannter Salat der US-amerikanischen Küche, der dem Italo-Amerikaner Cesare Cardini zugeschrieben wird. Der Salat besteht aus Römersalat, einer speziellen Vinaigrette mit Parmesan und Weißbrot-Croutons.

Caprese ist ein italienischer Salat aus Tomaten, Mozzarella und Basilikum, der mit Olivenöl angemacht wird. Seiner rot-weiß-grünen Farbe wegen, die der Flagge Italiens entspricht, gilt er als Nationalgericht und gehört zu den Antipasti-Klassikern, die international Karriere gemacht haben.

Bei **Cevapcici** handelt es sich um kleine Röllchen aus Hackfleisch für den Grill, die in den Balkanländern wie Bosnien und Serbien sowie auch in Kroatien und Slowenien verbreitet sind. Das gehackte Rindfleisch wird mit reichlich Knoblauch, Salz, Pfeffer und Paprika gewürzt. Die Röllchen werden mit gegrilltem Fladenbrot oder mit Reis gegessen und mit roher Zwiebel serviert.

Chili con Carne (Chili mit Fleisch) ist ein scharfes Gericht mit Fleisch, Chilischoten, Kidneybohnen und weiteren Zutaten. Fälschlicherweise wird es für ein mexikanisches Gericht gehalten, dabei hat es seinen Ursprung im Süden der Vereinigten Staaten.

Chowder ist eine amerikanische Bezeichnung für eine kräftige, dickflüssige Fischsuppe oder eine Suppe mit Muscheln (Clam

Chowder) oder anderen Meeresfrüchten. Viele Rezepte enthalten auch Speck und Kartoffeln.

Ciruelas con jamón (Dátiles con jamón) sind getrocknete Pflaumen (oder Datteln) mit einem Speckmantel, die meist als Tapas angeboten werden. Eine Tapa ist ein kleines Appetithäppchen aus Spanien, das in Tapas-Bars meist zu Wein, aber auch zum Bier gereicht wird. Tapas entsprechen den im östlichen Mittelmeerraum und im Nahen Osten gebräuchlichen Mezedes.

Coq au vin ist ein klassisch französischer Schmortopf, für den Hähnchen (Coq) in Wein gegart wird. Rezepte aus Burgund sehen dafür Rotwein vor, im Elsass kennt man auch in Weißwein gegartes Geflügel, etwa als Coq au Riesling.

Döner Kebab wird bereits in alten Reiseberichten über Anatolien als Hammelfleisch auf sich drehenden Spießen erwähnt. Der Döner ist nicht das Nationalgericht der Türken, wie viele Leute glauben, hat sich allerdings zu einem internationalen Fastfood-Erfolg entwickelt. Oft aus Hackfleisch zubereitet und im Fladenbrot serviert, sieht die Originalrezeptur eigentlich dünne Fleischscheiben vor.

Dolmades sind eine Spezialität aus der orientalischen Küche – Weinblätter (in Serbien werden Weißkohlblätter genommen), die mit Reis, Zwiebeln, Nüssen und Gewürzen (meist Dill) gefüllt sind. Das Ganze wird in Brühe oder Wein geschmort und mit Olivenöl und Zitronensaft beträufelt. In Griechenland ist meist kein Fleisch enthalten, in der Türkei gibt es auch mit Hack gefüllte Weinblätter.

Empanadas sind halbmondförmige oder auch runde Teigtaschen mit verschiedenen Füllungen – Hackfleisch, Schinken/Käse, Mais, Gemüse etc. Es gibt sie sowohl gebacken als auch frittiert. In Chile, Argentinien und anderen Ländern Südamerikas werden sie meist als Vorspeise oder auch als Zwischenmahlzeit gegessen.

Falafel sind frittierte Bällchen aus pürierten Kichererbsen, Kräutern und Gewürzen. Sie kommen ursprünglich aus Palästina und dem Libanon. Durch die Einwanderung arabischer Juden nach Israel ist Falafel mittlerweile ein Nationalgericht Israels. Im Fladenbrot mit Weiß- und Rotkohl, Tomaten, gebratenen Auberginen und würziger Sauce serviert, sind Falafel ein beliebter Imbiss auf die Hand.

Foie gras ist eine französische Spezialität, die aus der Leber von Gänsen oder Enten gewonnen wird. Den Tieren werden mittels eines Rohres täglich mehrere Kilo Futterbrei in den Magen gepumpt. Dadurch wiegt die Leber bei der Schlachtung bis zu zwei Kilogramm.

Die **Frittata** ist ein italienisches Omelett. Der Eierpfannkuchen - oft mit Kräutern oder Gemüse verfeinert - wird kalt oder warm gegessen und als Vorspeise oder Hauptgericht oder in kleinen Stücken zum Aperitif gereicht.

Gazpacho, eine kalte Gemüsesuppe aus der südspanischen Region Andalusien, ist an heißen Tagen sehr erfrischend. Dafür werden Tomaten, Paprika, Zwiebeln und Gurken mit Brotbröseln im Mixer püriert - wobei jede Spanierin auf ihr eigenes Rezept schwört.

Gnocchi sind kleine Klöße aus einem Teig aus Mehl, Weizengrieß, gekochten Kartoffeln oder Kastanienmehl, die in Salbeibutter oder mit Tomatensauce angerichtet werden. Die italienische Küche kennt viele Varianten, zum Beispiel Gnocchi verfeinert mit Zutaten wie Spinat und Ricotta.

Guacamole stammt aus der mexikanischen Küche und bedeutet so viel wie Avocadosauce. Sie besteht aus zerdrücktem oder püriertem Fruchtfleisch reifer Avocados, Zitronen- oder Limettensaft und manchmal Tomatenstücken.

Das schottische **Haggis** besteht aus dem Magen eines Schafes, der mit Herz, Leber, Lunge, Nierenfett vom Schaf, Zwiebeln und Hafermehl gefüllt und mit Pfeffer scharf gewürzt wird. Das Hafermehl verleiht ihm eine etwas schwerere Konsistenz als Wurst.

Hummus ist eine orientalische Spezialität aus pürierten Kichererbsen und vor allem in Israel, Palästina, Syrien und im Libanon beliebt. Dazu passt dünnes Fladenbrot, mit dem das Kichererbsenmus aufgestippt wird.

Irish Stew ist ein traditionelles irisches Gericht, die Hauptzutaten sind Lamm- oder Hammelfleisch, Kartoffeln, Zwiebeln, Karotten und manchmal auch Kohl. Das Irish Stew wird in Irland von jeder Hausfrau nach eigenem Rezept zubereitet - ob Karotten und Kohl hineingehören, ist unter Puristen umstritten.

Köfte sind kräftig gewürzte, gebratene oder gegrillte Hackfleischbällchen aus Lamm oder Rind, die in zahlreichen Varianten in der gesamten orientalischen Küche von Nordafrika über die Türkei und den Balkan bis nach Indien verbreitet sind.

Loempia sind wohl die bekannteste Vorspeise der chinesischen Küche. Die frittierten Frühlingsrollen bestehen aus Teigblättern mit einer Füllung, die Fleisch und Sojabohnensprossen enthalten kann, aber auch mit einer Vielzahl anderer Zutaten zubereitet wird.

Melitzanosalata, eine griechische Vorspeise, ist ein Püree aus Auberginen. Neben den Auberginen gehören auch Knoblauch, Essig, Olivenöl, Salz und Pfeffer hinein.

Minestrone heißt auf Italienisch etwa „dicke Suppe". In die Gemüsesuppe gehören hauptsächlich Staudensellerie, Tomaten, Karotten, Porree, Zucchini, Wirsing, Kartoffeln und Hülsenfrüchte (etwa weiße oder grüne Bohnen). Das Aroma kommt vom mitgekochten Bauchspeck, Zwiebeln und Knoblauch. Die Suppe wird saisonal und regional variiert, mit Nudeln oder Reis noch gehaltvoller, und beim Servieren runden Olivenöl, geriebener Parmesan oder Pesto den Geschmack ab.

Mojos kommen von den Kanarischen Inseln. Es sind kalte Saucen, die hauptsächlich aus Essig, Öl und Knoblauch bestehen und mit weiteren Zutaten in zahlreichen Varianten als Dipp und Beilage zu den verschiedensten Speisen, etwa gegrilltem Schwertfisch, angeboten werden.

Moules marinière ist ein typisch französisches Muschelgericht. Die gedämpften Miesmuscheln „nach Art der Fischerinnen" werden in Weißwein mit etwas Suppengemüse zubereitet.

Nasi Goreng wird in Indonesien und Malaysia als eigene Mahlzeit oder als Beilage zusammen mit Gemüse und Currygerichten serviert. Der Name kommt von Nasi, indonesisch für Reis, und von Goreng, indonesisch für gebraten.

Die **Paella** ist das Nationalgericht der Region Valencia und der spanischen Ostküste. Obwohl die spanische Küche sehr regional geprägt ist, ist das mit Safran gewürzte Reisgericht in Varianten in ganz Spanien beliebt. Bekannt sind vor allem Rezepte mit Meeresfrüchten, es gibt aber auch Paella mit Geflügel, Kaninchen oder Schweinefleisch.

Palatschinken werden auch Pfannkuchen, Flädle oder Eierpuffer genannt. Die in Österreich beliebten Eierkuchen gibt es in herzhafter und in süßer Form als Hauptgericht oder Nachspeise; je nachdem können dem Teig Salz, Zucker, Kräuter und Gewürze zugegeben werden. Statt Milch verwendet man ebenfalls Buttermilch oder Sahne.

Für eine **Piccata** wird ein Kalbsschnitzel dünn geklopft, gesalzen, in Mehl gewälzt und kurz in Butter gebraten. Das gebratene Schnitzel wird dann mit Zitronensaft beträufelt und mit Petersilie bestreut. Beim Piccata milanese wird zum Panieren Parmesan statt Mehl eingesetzt.

Piroggen sind gefüllte Teigtaschen aus Hefe- oder Blätterteig und ein beliebter Bestandteil von russischen Festmahlzeiten. Die russischen Kohlpiroggen können als Vorspeise, Hauptgericht oder Nachtisch (zum Tee) gereicht werden, je nach Art der Herstellung und der Füllung.

Die **Ratatouille** ist ein klassisches südfranzösisches Gemüsegericht aus Zucchini, Auberginen, Tomaten, Paprika und Knoblauch. Dazu kommen Kräuter der Provence und Olivenöl.

Rossiki Salata (Russischer Salat) ist eine kalte russische Vorspeise, erfreut sich jedoch großer Beliebtheit im ganzen Balkanraum. Er wird aus Schinken, Erbsen, Karotten und Mayonnaise hergestellt.

Saganaki ist eine Vorspeise in der griechischen Küche. Hergestellt wird Saganaki aus einer panierten Scheibe eines halbfesten bis festen Schafs- und/oder Ziegenkäses. Der Käse wird auf dem Grill geröstet und mit Salat, Zitronenscheiben und Weißbrot serviert.

Ursprünglich kommt **Saltimbocca**, ein gebratenes Kalbsschnitzel mit Schinken und Salbei in Marsalasauce, aus der römischen Küche. Der italienische Name „Salt' im bocca!" heißt übersetzt so viel wie „Spring in den Mund!".

Samosas sind indische Teigtaschen, die mit unterschiedlichen Zutaten gefüllt werden. Es gibt sie mit Fleisch und als vegetarische Varianten.

Sashimi ist eine japanische Zubereitungsart von rohem Fisch und Meeresfrüchten. Im Unterschied zu Sushi wird der Fisch aber nicht auf Reis serviert. Das Entscheidende bei Sashimi sind das richtige Filetieren des Fisches und die kunstvolle Darreichung vor dem Gast.

Satay ist in vielen Ländern Südostasiens beliebt. Zutaten und Zubereitung variieren von Land zu Land. Generell handelt es sich um Fleisch-Spießchen, die über einem Holzfeuer gegrillt werden. Aus indonesischen Restaurants bekannt sind vor allem Satay in Erdnusssauce.

Schaschliks sind ein traditioneller Imbiss aus der Türkei, Russland und weiten Teilen Südosteuropas. Schaschlik-Spieße gibt es in zahlreichen Varianten aus verschiedenen Fleischsorten, oft ergänzt um weitere Zutaten wie Zwiebeln, Paprika und Tomaten.

Der libanesische Salat **Tabouleh** besteht aus viel Petersilie, Bulgur (vorgekochter Hartweizen), Tomaten, Zwiebeln oder Schalotten, Olivenöl und Zitronensaft sowie manchmal Gurken oder als orientalische Note Rosinen und frische Minzblätter. Er wird als Vorspeise oder Zwischenmahlzeit serviert.

Taquitos bestehen aus dem gleichen Teig wie Tacos oder Tortillas. Sie sind jedoch kleiner und werden gerollt. In mexikanischen Restaurants werden sie mit schwarzen Bohnen oder Hühnchenfleisch gefüllt angeboten.

Tarator ist eine kalte Gurkensuppe aus der Balkanküche, die an heißen, sommerlichen Tagen als erfrischende Vorspeise serviert wird. Neben Gurken werden Knoblauch, Dill und Olivenöl sowie gemahlene Walnusskerne verwendet und in einen Joghurt gerührt.

Die Basis von **Tom Yam**, einer in Thailand bekannten sauerscharfen Suppe, ist eine Brühe, die mit Fischsauce, Schalotten, Zitronengras, Kaffernlimetten-Blättern, Thai-Ingwer, Tamarinde und zerstoßenen Chilis gewürzt wird. Varianten werden mit Pilzen, Meeresfrüchten oder Kokosmilch zubereitet.

Eine **Tortilla** ist ein aus Kartoffeln, Ei und Zwiebeln in einer Pfanne mit Öl gebratenes rundes Omelett. Dieses spanische Kartoffelomelett ist nicht zu verwechseln mit dem gleichnamigen mexikanischen Brotfladen, der aus Maismehl zubereitet wird.

Vitello Tonnato ist ein Vorspeisen-Klassiker der italienischen Küche und stammt aus dem Piemont. Es handelt sich um dünn aufgeschnittenes, gekochtes Kalbfleisch, das mit einer Thunfischsauce überzogen und kalt serviert wird.

keinen Fall erhitzen und schon gar nicht zum Braten verwenden!

Wildschwein Hat dieser Verwandte des Hausschweins tatsächlich wild gelebt, schmeckt das Fleisch sehr stark nach Wild. Weniger streng im Geschmack sind sehr junge Tiere und Zuchtwildschweine. Wildschweinrücken und -keule kommt meist als im Ganzen geschmorter Braten auf den Tisch. Auch das Filet kann man am Stück braten oder aber zu Medaillons schneiden. Die Schulter ergibt einen deftigen Braten oder würziges Gulasch. Meist wird das Fleisch mit Rotwein und Gewürzen eingelegt (klassisch: Wacholder, Lorbeer, Nelken, Zwiebeln, Rosmarin). Außerdem bietet es sich für Sauerbraten an, weil durch das Einlegen mit Essig und Gewürzen der strenge Geschmack etwas gemildert wird. Eine feine Delikatesse für Büfetts und kalte Platten ist geräucherter Wildschweinschinken.

Wirsing Schon im Laden sieht dieser außen dunkle, innen leuchtend grüngelbe Kohlkopf mit den krausen Blättern appetitanregend aus. Wirsing hat ein ganz eigenes Aroma, das Kohlgeschmack mit einer leichten Säure verbindet. Für feines Wirsinggemüse wird er sehr fein geschnitten (sehr dicke und welke Außenblätter vorher abnehmen), mit Zwiebeln angedünstet und dann gar gekocht. Wer mag, kann ihn pürieren oder mit grob zerkleinerten Kartoffeln zu Stampf verarbeiten. Zu Wirsing passen alle Arten von deftigen Würsten und Fleischsorten wie Kasseler, Schweinebauch (Wammerl) oder Speck. Die Blätter kann man wie beim Weißkohl mit Hackfleisch oder einer Reiszubereitung füllen. Dazu die dicken Blattrippen herausschneiden und dann die Blätter blanchieren; so werden sie weich und lassen sich gut aufrollen.

Wolfsbarsch Dieser Speisefisch heißt in Frankreich Loup de Mer, in Spanien Lubina und in Italien Branzino. Er ist sehr beliebt, da er wenig Gräten und dafür mageres, festes und aromatisches Fleisch hat. Kleinere Exemplare kann man im Ganzen im Ofen garen - einfach mit Olivenöl, Knoblauch und Kräutern. Gut schmeckt er auch im mediterranen Gemüsebett, und am saftigsten bleibt er unter der Salzkruste. Probieren Sie Wolfsbarsch ruhig auch mal mit Speck oder mit Steinpilzen.

Y

Yufka → Filo

Ysop Das Küchenkraut ist leicht bitter mit einem Hauch von Minze und passt als Gewürz zu Fleisch und Hülsenfrüchten, in Suppen, Omeletts oder Kartoffelsalat.

Z

Zackenbarsch Vor allem in den Mittelmeerländern liebt man diesen Fisch (französisch Mérou, spanisch Mero, italienisch Cernia) mit seinem saftigen weißen Fleisch. Es eignet sich gut zum Grillen, zum Braten im Ofen sowie für Eintöpfe, Fischsuppen und Reisgerichte. Ein Klassiker: Zackenbarsch im Gemüsebett mit Weißwein.

Zander Kaum zu glauben, dass der Zander ein Raubfisch ist. Er wirkt so zart mit seinem delikaten schneeweißen Fleisch. Da dies auch noch besonders fettarm ist und ausgesprochen köstlich schmeckt, hat der edle Süßwasserfisch viele Fans in der leichten Feinschmeckerküche. Zander wird meist als Filet angeboten, das man einfach auf der Haut in Butter kross brät oder auch grillen kann. Pochiert liebt Zander sanfte Saucen und wird häufig mit Blattspinat kombiniert.

Ziege Spanier und Italiener lieben Zickleinbraten zu Festtagen, und wer es ihnen gleichtun möchte, hat es leicht: Man brät Zicklein im Ganzen (mit Knoblauch und Kräutern gewürzt) im Ofen oder grillt es am Spieß. Lecker schmecken auch Currys (ein karibisches Curry ist Colombo de cabri) und andere Schmorgerichte von der Ziege, die man zubereiten kann wie mit Lamm.

Zimt Die Rinde des Zimtbaums duftet nach Winter und Weihnachten, da sie seit jeher für Glühwein, Lebkuchen und anderes Weihnachtsgebäck verwendet wird. Verkauft wird Zimt in Stangen oder als Pulver. Er passt bestens zu Zwetschgen, Äpfeln und Birnen, gibt aber auch Fleischgerichten sowie Tomaten- oder Béchamelsauce eine besondere Note.

Zitrone Dieser saure Geselle zählt zu den wenigen Früchten, deren Fruchtfleisch wir nicht essen. Verwendet werden Saft und Schale für Gebäck, Desserts und Saucen. Außerdem gibt sie Dressings und Marinaden eine aromatische Säure, die auch Essig ersetzen kann. Im Orient legt man angestochene Zitronen in Salz ein und nutzt sie später als Beigabe für Fleischgerichte. In diesem Fall sowie für die Verwendung abgeriebener Schale sollte man unbedingt unbehandelte Bio-Zitrusfrüchte kaufen. Frische Zitronen sind reich an Vitamin C, der Saft mit heißem Wasser und Honig schützt als „heiße Zitrone" vor Erkältungen.

Zitronengras Dieses frisch duftende Gewürz darf bei keinem Thai-Curry fehlen. Es ähnelt im Aussehen entfernt den Frühlingszwiebeln, hat mit ihnen aber weder botanisch noch geschmacklich etwas gemein. Man erhält Zitronengras – manchmal auch Citronella genannt – frisch im Asienladen, was getrocknetem Kraut bei Weitem vorzuziehen ist. Verwendet werden die Stängel, die man ganz oder in Stücken ins Essen gibt. Vor allem schmeckt Zitronengras in Thai-Gerichten mit Fisch oder Geflügel, die oft auch Kokosmilch enthalten. Die in Stücke geschnittenen Stängel lassen sich in einem Plastikbeutel einfrieren und dann bei Bedarf direkt in den Topf geben.

Zitronenmelisse Da dieses frisch nach Zitrone duftende Kraut sehr leicht selbst anzubauen ist und auch nur frisch richtig gut schmeckt, halten viele Genießer Zitronenmelisse in einem Blumenkasten auf dem Balkon. Sie schmeckt nicht nur als Tee, sondern auch in Salaten, Suppen und Fischgerichten. Um das Aroma voll und ganz zu bewahren, gibt man die frisch geschnittenen oder gehackten Blätter immer erst kurz vor dem Servieren ins Essen.

Zucchini Dieses italienische Sommergemüse ist in der deutschen Küche schon so gut wie eingebürgert und mittlerweile das ganze Jahr über zu haben. Der Zucchino, wie die Einzahl korrekt heißt, ist eine Kürbisart und kommt nicht nur als kleine grüne Frucht in den Handel. Es gibt auch grün-weiß gestreifte und gelbe Zucchini sowie sehr große Exemplare, die sich gut in Scheiben braten oder auch füllen lassen. Rondini sind kugelrunde Verwandte der länglichen Zucchini und können genauso zubereitet werden. Zucchini kann man als Rohkost und in Salaten anrichten sowie kochen und dünsten; ihren Geschmack entfalten sie aber am besten in Olivenöl gebraten oder vom Grill. Sie harmonieren gut mit Tomaten, Auberginen, Paprika, Knoblauch und mediterranen Kräutern und ergeben eine sommerliche Beilage zu vielen Fisch- und Fleischgerichten. Auch gefüllt und überbacken machen sie eine gute Figur; außerdem eignen sie sich für Eierspeisen und Gemüsekuchen und man kann sie gemeinsam mit Kartoffeln raffeln und mit etwas Mehl und Ei zu Puffern verbacken. In der italienischen Küche nutzt man gern auch die leuchtend gelben Zucchiniblüten, die entweder in einem leichten Teig ausgebacken oder mit einer Brot-Kräuter-Zubereitung, einer Fischfarce oder Hackfleisch gefüllt und dann frittiert werden.

Zucker Zum Versüßen des Lebens bieten sich je nach Boden und Klima unterschiedliche Zuckerpflanzen an: Zuckerrohr gedeiht in den Tropen, Zuckerrüben in unseren Breiten. Der daraus gewonnene Weißzucker besteht bei beiden aus reiner Saccharose, ist also genau das Gleiche. In der Naturkostküche bevorzugt man unraffinierten Vollrohrzucker oder teilraffinierten Rohrohrzucker. Je nach Anteil der verbliebenen Melasse mit ihren Mineralstoffen ist er hell- bis dunkelbraun und hat einen angenehm malzigen Geschmack. Raffinierten Weißzucker gibt es in unterschiedlicher Kristallgröße - vom sehr fein gemahlenem Puder- oder Staubzucker über normalen Haushaltszucker bis zum grobkörnigen Hagelzucker, mit dem man süßes Gebäck dekorativ bestreuen kann. Zucker schmilzt beim Erwärmen und lässt sich in der Pfanne zu braunem Karamell erhitzen. Ganz selbstverständlich gehört Zucker in Süßspeisen und süße Backwaren. In herzhaften Speisen mit einer sauren Komponente, ob Salatdressing oder Tomatensauce, balanciert eine Prise Zucker aber auch die Aromen aus. Unter Rübenkraut versteht man kurioserweise den Sirup aus der Zuckerrübe. Man kann ihn aufs Butterbrot streichen, über Desserts träufeln oder damit Gebäck aromatisieren. Die Holländer essen sogar ihre geliebten Speckpfannkuchen mit Rübenkraut.

Zunge Liebhaber schwören auf Zunge von Rind oder Schwein, andere würden tierische Zungen nie in den Mund nehmen. Das magere Muskelfleisch muss im Gewürzsud mindestens 90 Minuten gekocht und dann von der Haut befreit werden. In Scheiben geschnitten serviert man sie gern mit Madeira-, Portwein- oder Kapernsauce. Zunge kann als Aufschnitt gegessen werden, schmeckt gepökelt und/oder geräuchert und findet auch Eingang in deftige Zungenwurst.

Zwetschge → Pflaume

Zwiebel Der Umgang mit der würzigen Knolle ist manchmal zum Heulen, dennoch gibt es kaum ein herzhaftes Gericht, das ohne Zwiebel auskommt. Gewöhnliche Zwiebeln mit bräunlich gelber Schale sind recht scharf und eignen sich vor allem zum Anbraten für Saucen, Gemüse- und Fleischgerichte. Zum Füllen oder für Schmor- und Röstzwiebeln empfehlen sich die etwas dezenter und leicht süßlich schmeckenden roten Zwiebeln, die roh auch herzhafte Speisen wie Käse- oder Wurstsalate bereichern. Wünscht man eine zarte Zwiebelnote, etwa in Salaten, sind die feinen Schalotten mit ihrer braun- bis dunkelroten Schale zu empfehlen. Speziell zum Füllen findet man auch sehr große Gemüsezwiebeln, die ein relativ mildes Aroma haben. Lauch- und Frühlingszwiebeln sind sehr kleine zarte Zwiebelchen, die mit Laub verkauft und auch mit diesem gegessen werden können. Man verwendet sie als Würze für Suppen und Salate sowie für Kräuterquark; in kleine Röllchen geschnitten sind die grünen Stiele eine beliebte Garnitur für Salate und kalte Platten. Die kleinen runden Silber- oder Perlzwiebeln werden meistens zu Pickels verarbeitet, also gekocht und in Essig eingelegt. Zwiebeln scheidet man mit einem scharfen Messer in Ringe oder Würfel; um den Saft mit den ätherischen Ölen zu bewahren, sollte man sie nicht hacken oder im elektrischen Häcksler zerkleinern.

Quizantworten A–Z

Was bedeutet „al dente"?
Alles ist richtig: Mit „al dente" wird die Konsistenz von Nudeln, Reis und Gemüse bezeichnet, wenn sie zubereitet werden. Sie sollen gar, aber nicht zu weich, klebrig oder zerkocht sein – also bissfest. Ursprünglich wurde der Begriff nur in der italienischen Küche gebraucht, heute ist „al dente" ein weltweiter Begriff.

Bei welchem Volk gehörte das hirseähnliche Amaranth zu den Grundnahrungsmitteln?
Bei den Azteken. Amaranth erlebt heutzutage in Müslis, Gebäck und Brot sein Comeback. Neben den Samen nutzt man auch die Blätter, die wie Spinat zubereitet werden. Amaranth hat einen hohen Nährwert und viel hochwertiges Eiweiss.

Was versteckt sich hinter der Abkürzung AOC?
AOC (Appellation d'Origine Contrôlée) ist ein Schutzsiegel landwirtschaftlicher Erzeugnisse aus Frankreich wie bestimmte Käsesorten, Le-Puy-Linsen oder Wein und steht für einen kontrollierten Anbau und regionale Herkunft.

Wo gelten Augäpfel als Delikatesse?
Im Nahen Osten gelten insbesondere Schafsaugen als Delikatesse. Sie werden gewöhnlich erst nach dem Braten oder Kochen des Kopfes ausgelöst und sofort mit oder ohne zusätzliche Sauce und Gewürze verzehrt.

Was sind Ballaststoffe in Lebensmitteln?
Die unverdaulichen Ballaststoffe können durch Enzyme im Dünndarm nicht aufgespalten und daher vom Stoffwechsel nicht aufgenommen werden. Ballaststoffe quellen im Darm auf, üben einen Reiz auf die Darmwand aus und fördern so die Darmtätigkeit; zudem bewirken sie ein längeres Sättigungsgefühl.

Welches Biermischgetränk gibt es wirklich?
Diesel ist eine Mischung aus Bier und Cola und wird regional auch Colabier, Moorwasser, Krefelder, Gestreiftes, Schuss, Gespritztes und Drecksack genannt.

Was ist eigentlich Bilimbi?

Die Früchte des Gurkenbaums Bilimbi sind fleischige Beeren. Da die Beeren zu sauer sind, werden sie selten roh gegessen, manchmal als Beilage zu Reis, Bohnen, Fisch und Fleisch gereicht. Im Fernen Osten werden aus den Früchten Erfrischungsgetränke hergestellt.

Was ist „Blair's 16 Million Reserve"?

Tabascosauce hat einen Schärfegrad von 2500–5000 Scoville. „Blair's 16 Million Reserve" hat den extrem hohen Schärfegrad von 16 Mill. Scoville. Es ist daher nicht zum Verzehr geeignet und wird nur im Chemielabor verwendet.

Was ist Blutpudding?

Blutpudding ist eine Fleischspeise aus gebackenem Schweineblut. Für die Zubereitung wird frisches Blut mit Mehl, Sahne, Eigelb, manchmal Speck vermengt und gewürzt. Danach wird die Masse in eine Auflauf-/Kuchenform gegeben und im Ofen in einem Wasserbad pochiert.

Was sind eigentlich Cerealien?

Die Cerealien haben ihren Namen von der römischen Göttin Ceres. In der englischen Sprache meint Cerealien Getreide aller Art, etwa Weizen, Mais, Hirse, Roggen, Hafer. In der Werbung wird dieser Begriff gern benutzt, um Produkten ein gesundes Image zu verleihen.

Wie gross ist die Champagnerflasche bei der Siegerehrung der Formel-1-Autorennen?

Bei der Formel-1-Siegerehrung bespritzen sich die drei besten Fahrer eines Rennens seit Jahren mit einem edlen Champagner. Jeder hat seine eigene Drei-Liter-Flasche.

Welcher Teil der Chilischote gibt die typische Schärfe?

Die Schärfe, die beim Verzehr von Chilis wahrgenommen werden kann, wird durch das Capsaicin in den Samen verursacht. Dieses Alkaloid reizt die Nervenenden im Mund und verursacht ein Hitze- und Schmerzgefühl.

Wie viele Minuten muss man joggen, wenn man eine Tüte Chips gegessen hat?

Eine Tüte Paprika-Chips enthält ca. 960 Kilokalorien. Wer diese Kalorien wieder loswerden möchte, muss ca. 90 Minuten joggen oder ebenso lange Treppen steigen.

Cocktails sind als Getränke bekannt, aber was sind sie noch?

Gerichte aus gegarten Fischen, Krusten- und Schalentieren, Geflügel und Fleisch oder auch Gemüse werden in der Regel mit einer würzig-pikanten Cocktailsauce als Vorspeise serviert. In der internationalen Küche werden diese Vorspeisen auch als Cocktails bezeichnet.

Wie viel Zucker ist in einem Liter Cola?

107 Gramm Zucker, ausserdem Wasser, Kohlensäure, Lebensmittelfarbstoff, Aromastoffe und Koffein.

Auf welcher Pflanze wachsen Datteln?

Die Dattelpalme trägt sehr saftige, zuckerreiche Früchte, die sowohl frisch als auch getrocknet verzehrt werden können.

Welche Spezialität vom Dornhai ist bekannt?

Beim Räuchern rollen sich die Bauchlappen des Dornhais röhrenförmig ein und krümmen sich ein wenig, sodass sie wie die Locken des Dichters aussehen. Wahrscheinlich entstand der Name, weil Haifleisch früher verpönt war und man so die Herkunft verschleiern konnte.

Was sind russische Eier?

Russische Eier sind eine kalte Vorspeise auf der Basis hart gekochter Eier. Die klassische Variante besteht aus halbierten Eiern auf Remoulade, auf die ein Häufchen Kaviar gesetzt wird, wodurch sich wohl ihr Name begründet.

Wie alt sind die sogenannten 1000-Jahr-Eier in China wirklich?

Bei dieser chinesischen Spezialität werden die Eier in Kiefernadelasche, Limonensaft, Wasser und Salz eingelegt und als Delikatesse etwa nach 100 Tagen verzehrt.

Was für ein Getränk verbirgt sich hinter dem Namen Einspänner?

Diese österreichische Kaffeevariante wird mit Sahne und Puderzucker serviert.

Wie viel Tonnen Fischstäbchen werden in Deutschland jährlich verzehrt?

Ca. 53 000 Tonnen – das entspricht einem Jahresverbrauch von 20 Stück pro Person. Fischstäbchen sind panierte längliche Fischstücke, die als industriell hergestellte Tiefkühlkost angeboten werden. Der grösste deutsche Fischstäbchenproduzent verarbeitet 22 500 t Filet pro Jahr und stellt 400 000 Fischstäbchen pro Stunde her. Fischstäbchen stammen von Kabeljau, Seelachs, Alaska-Seelachs oder Seehecht.

Welches Fleisch gehört auf keinen Fall auf den Grill?

Gepökeltes Fleisch wie Kassler, denn das Pökelsalz Nitrit verbindet sich beim Grillen mit speziellen Eiweissen aus dem Grillgut zu krebserregenden Nitrosaminen.

Was ist Frappé für ein Getränk?

Der erfrischende Frappé wird im Sommer in Griechenland zubereitet. Kalt aufgeschäumter Instantkaffee wird mit Eiswürfeln serviert.

Welches Gemüse ist auch roh essbar bzw. geniessbar?

Nur Kohlrabi. Der hohe Ballaststoffgehalt von Kohlrabi trägt mit zu einer geregelten Verdauung bei. Nährstoffe wie Selen, Folsäure, Vitamine, Kalium, Eisen und Kupfer machen die energiearme Knolle zusätzlich interessant. Auberginen, Kartoffeln und Bohnen können nicht roh verzehrt werden.

Welches Gericht wurde vom ersten deutschen Fernsehkoch erfunden?

Clemens Wilmenrod war der erste deutsche Fernsehkoch. Er hat noch das „arabische Reiterfleisch" und die „gefüllte Erdbeere" erfunden.

Bei welchem Gemüse kann man die Schale mitessen?

Bei allen vier Gemüsearten kann man die Schale unbedacht mitessen, solange sie gekocht sind. Bei den Karotten, den Gurken und den Tomaten kann man die Schale sogar in rohem Zustand ohne Bedenken verzehren.

Was ist das teuerste Gewürz der Welt?

Für echten Safran (die Blütenstempel einer Krokusart) zahlt man im Handel zwischen 4 und 14 Euro pro Gramm. Safran schmeckt bitter-scharf, was bei geringer Dosierung aber nicht zum Tragen kommt. Mit Safran gewürzte Gerichte werden goldgelb gefärbt.

Der Guide Michelin vergibt Sterne an Restaurants, wie viele Sterne sind die höchste Auszeichnung?

3 Sterne. Der Guide Michelin wurde erstmals im Jahre 1900 und zunächst ausschliesslich auf Frankreich begrenzt herausgegeben. Seit 1964 gibt es eine deutsche Ausgabe, seit 1994 eine schweizerische und seit 2005 auch eine Ausgabe für Österreich.

Welche der folgenden Antworten ist die fettärmste Hackvariation?

Am wenigsten Fett und Kalorien stecken im Tatar. Rund 3 Gramm Fett und nur 112 Kcal pro 100 Gramm.

Was sind Herrgottsbescheisserle?

Herrgottsbescheisserle ist der Kosename für Maultaschen. Sie wurden, so die Legende, einst von Mönchen erfunden, um das Fleischverbot in der Fastenzeit zu umgehen, da ja der Herr im Himmel das eingewickelte Fleisch nicht sehen könne.

In welchem Jahr wurde das deutsche staatliche Bio-Siegel eingeführt?

Das deutsche staatliche Bio-Siegel ist ein sechseckiges, grün-schwarz-weisses Symbol, mit dem in Deutschland seit 2001 Lebensmittel und andere Produkte gekennzeichnet werden können, die den Kriterien der EG-Öko-Verordnung genügen.

Woher kommen die teuersten Kaffeebohnen?

Etwa 1000 US-Dollar kostet ein Kilogramm des indonesischen Kaffees „Kopi Luwak“. Die dort beheimateten Fleckenmusangs (Schleichkatzen) verzehren die ganze Kaffeefrucht und scheiden die Bohne wieder aus. Durch Enzyme im Magen-Darm-Trakt verändert sich der Geschmack der Bohne.

Von welchem Komponisten stammt die sogenannte Kaffee-Kantate?

Bach ging selbst gerne und oft ins Kaffeehaus. Seine Kantate wurde auch, vermutlich 1734, im Zimmermann'schen Kaffeehaus in Leipzig uraufgeführt. Im Text geht es um einen Streit zwischen Tochter und Vater, der ihr das Kaffeetrinken verbieten will.

Woraus wurde ursprünglich Kefir hergestellt?

Aus Stutenmilch. Basis des Kefir ist ein Hefepilz, der die Milch sauer gärt. In den 1970er Jahren war der Kefirpilz sehr in Mode. Echten Kefir gibt es übrigens nicht im Supermarkt zu kaufen, weil die Molkereien mit Kefirpilz in der Massenherstellung enorme Schwierigkeiten haben.

Was bedeutet die Kampagne „5 am Tag"?

Ernährungsexperten empfehlen, pro Tag mindestens fünf Portionen Obst und Gemüse von jeweils ca. 125 g (eine Handvoll) zu essen.

Wofür benutzt der Kellner im Allgemeinen sein Kellnermesser?

Mit dem Messer wird die Kapsel des Weins am Flaschenhals abgetrennt. Die Spindel wird dann in der Mitte des Korkens angesetzt und gerade so weit wie möglich eingedreht, ohne dass der Korken durchstochen wird. Dann wird mittels eines Hebels, der sich am Flaschenrand abstützt, der Korken herausgezogen.

Wo isst man das Fischgericht Kibbeling?

Kibbeling ist typisches niederländisches Fastfood. Filets vom Seelachs, Seehecht oder Kabeljau werden in mundgerechte Würfel geschnitten, mit Backteig überzogen, frittiert und mit einer Remouladensoße oder Knoblauch-Dip und mit Pommes frites serviert.

Welches Kraut gehört nicht zu den Kräutern der Provence?

Basilikum gehört nicht in die französische Kräutermischung. Sie besteht aus den Küchenkräutern Thymian, Rosmarin, Lorbeer, Lavendel, Bergbohnenkraut, Oregano und Salbei und hat ihren Ursprung in der Provence in Südfrankreich, wo diese Pflanzen wild gedeihen.

Wann wurde die erste deutsche Kochshow gesendet?

Vom 20. Februar 1953 bis zum 16. Mai 1964 gab es die Sendung „Clemens Wilmenrod bittet zu Tisch". Er wurde von Ehefrau Erika unterstützt und gab dem Fernsehpublikum in 185 Sendungen Anregungen zum kreativen Kochen.

Was bestellt man als „Heisse Liebe"?

Vanilleeis mit heissen Himbeeren ist ein einfaches Dessert. Die meist zuvor tiefgekühlten Himbeeren zerfallen dabei teilweise, wodurch sich eine Fruchtsauce bildet, die mit etwas Zucker und Himbeergeist ergänzt wird.

Was ist Manna?

Als Manna oder auch Himmelsbrot wird in der Bibel die sagenhafte Speise bezeichnet, die den Israeliten auf ihrer Wanderschaft durch die Wüste als Nahrung diente. Beschrieben wird Manna als „etwas Feines, Knuspriges, weiss wie Koriandersamen" und mit dem Geschmack von „Honigkuchen".

Was sind Maultaschen?

Maultaschen sind eine schwäbische Nudelspezialität, gefüllt mit Brät.

Was ist Most?

Der Fruchtsaft wird je nach verwendeten Früchten als Apfelmost oder Birnenmost bezeichnet. Traubenmost ist die Vorstufe zu Wein.

Der echte Mozzarella wird aus der Milch welchen Tieres gewonnen?

Mozzarella ist ein italienischer Käse aus Büffelmilch. Er ist heute weit verbreitet und wird an vielen Orten der Welt auch aus Kuhmilch hergestellt. Nur der echte „Mozzarella di Bufalo Compana" hat eine geschützte Herkunftsbezeichnung.

Welchem Starkoch wird die Entwicklung der Nouvelle Cuisine zugesprochen?

Paul Bocuse. Bei der Nouvelle Cuisine handelt es sich um eine Küche, in der mit wenig Fett, aber vielen Kräutern und Gewürzen gekocht wird. Besonderer Wert wird auch auf die Präsentation der Gerichte gelegt, das Anrichten wird zur Kunst verfeinert.

Nebukadnezar ist eine besonders grosse Champagnerflasche. Wie viel Liter passen hinein?

Ganze 15 Liter. Die 3-Liter-Flasche heisst Jeroboam, die 6-Liter-Flasche wird Methusalem genannt, Salmanazar die 9-Liter-Flasche und Balthazar die 12-Liter-Flasche.

WAS ISST OBELIX AM LIEBSTEN?

OBELIX IST DER DICKE FREUND VON ASTERIX UND VON BERUF LIEFERANT VON HINKELSTEINEN. OBELIX MAG ESSEN IM ALLGEMEINEN UND GEBRATENES WILDSCHWEIN IM BESONDEREN.

WAS GIBT DEM KLASSISCHEN PESTO DIE GRÜNE FARBE?

PESTO IST EINE UNGEKOCHTE WÜRZPASTE, DIE IN DER ITALIENISCHEN KÜCHE ZU NUDELN GEREICHT WIRD. EIN PESTO BESTEHT MEIST AUS FRISCHEM BASILIKUM, ANGERÖSTETEN PINIENKERNEN, PARMESAN, SALZ, KNOBLAUCH UND OLIVENÖL.

WIE WERDEN PFIFFERLINGE IN DER SCHWEIZ GENANNT?

DER PFIFFERLING IST BEREITS SEIT DEM ALTERTUM EIN BELIEBTER SPEISEPILZ. IN DEUTSCHLAND ANGEBOTENE PFIFFERLINGE KOMMEN MEIST AUS OSTEUROPÄISCHEN LÄNDERN UND DEM BALTIKUM. IN DER SCHWEIZ WIRD ER EIERSCHWÄMMLE GENANNT. SCHWAMMERL NENNT MAN IN ÖSTERREICH PILZE.

WAS IST PUMPERNICKEL?

PUMPERNICKEL IST EIN SEHR DUNKLES VOLLKORNBROT AUS ROGGENSCHROT, DAS URSPRÜNGLICH AUS DER WESTFÄLISCHEN KÜCHE STAMMT.

WAS IST EIN RISTRETTO?

EIN RISTRETTO IST EIN KONZENTRIERTER ESPRESSO, DER MIT WENIG WASSER ZUBEREITET WIRD (IN DER REGEL DIE HÄLFTE BIS ZWEI DRITTEL DER NORMALEN WASSERMENGE).

WOHER HAT DAS SANDWICH SEINEN NAMEN?

DER LEGENDE NACH LIESS SICH DER VIERTE EARL OF SANDWICH JOHN MONTAGUE AUS ZEITGRÜNDEN KLEINE ZWISCHENMAHLZEITEN WIE GESALZENES RINDFLEISCH ZWISCHEN ZWEI TOASTSCHEIBEN LEGEN, UM SEINE ARBEIT NICHT UNTERBRECHEN ZU MÜSSEN.

WER ODER WAS IST EIN SAUCIER?

ALS SAUCIER BEZEICHNET MAN IN EINER KÜCHENBRIGADE DEN SAUCENKOCH, DER JEDOCH NICHT NUR FÜR DIE SAUCENZUBEREITUNG VERANTWORTLICH IST. DER SAUCIER IST MEIST AUCH STELLVERTRETENDER KÜCHENCHEF, DA ER GEWÖHNLICH DIE MEISTE ERFAHRUNG BESITZT UND DIE ANDEREN POSTEN IN SEINER LAUFBAHN BEREITS ABSOLVIERT HAT.

Im Restaurant kommt ein Sommelier an Ihren Tisch. Er ist?

Der Weinkellner berät den Inhaber und die Gäste über das Weinangebot und empfiehlt passende Weine zur bestellten Speisenfolge.

Was bekommt der Gast, wenn er in Berlin eine Sportmolle bestellt?

Die Berliner Fassbrause ist eine Limonade mit natürlichen Frucht- und Kräuterzutaten und wird zum Teil noch aus Fässern gezapft.

Was ist ein Strammer Max?

Der „Stramme Max", eine Scheibe Brot mit Schinken und Spiegelei, ist in ganz Deutschland als Hausmannskost verbreitet und auch auf Speisekarten von Gaststätten zu finden.

Was ist Studentenfutter?

Der Name leitet sich von der angeblich Intelligenz fördernden Wirkung ab. Tatsächlich können sich die leicht verdaulichen Kohlenhydrate sowie Mineralstoffe kurzfristig und das enthaltene Eisen sowie Omega-3-Fettsäuren längerfristig förderlich auf die Leistungsfähigkeit auswirken.

Woraus besteht das Gericht Surf and Turf?

Die erste schriftliche Erwähnung des Gerichts befand sich 1967 in einer Anzeige der Bostoner Gelben Seiten, es soll aber schon 1962 auf der Weltausstellung in Seattle serviert worden sein. „Surf and Turf" wird gern in Steakhäusern oder Barbecues angeboten und besteht aus Garnelen und Steak.

Wer sagte: Nein, diese Suppe esse ich nicht?

Der Suppenkasper ist eine Figur aus dem Struwwelpeter-Kinderbuch des Arztes Dr. Heinrich Hoffmann. Es gehört zu den erfolgreichsten deutschen Kinderbüchern.

Was ist Tofu?

Die Sojamilch wird mit Enzymen und Säuren behandelt, um den bitteren Beigeschmack des Soja zu beseitigen. Der Quark, der daraus hervorgeht, wird anschliessend zu Blöcken gepresst. Dieses Verfahren ist jenem sehr ähnlich, mit dem Käse aus Milch gewonnen wird.

Was enthält vergleichsweise am wenigsten Vitamin C (pro 100 g)?

Die Zitrone enthält mit ca. 53 mg pro 100 g Frucht am wenigsten Vitamin C. In der Hagebutte sind ca. 1250 mg, in der Paprika ca. 140 mg und in der Kiwi sind ca. 100 mg Vitamin C pro 100 g Frucht enthalten.

Was ist Wasabi?

Die Wurzel der Wasabipflanze dient in der japanischen Küche als scharfes Gewürz. Wasabi brennt nicht wie Chilischoten auf der Zunge, sondern wie Meerrettich im Rachen und in der Nase. Es wird in kleinen Mengen zusammen mit Sojasosse zu Sushi und Sashimi gereicht.

Register

Fett gedruckte Seitenzahlen verweisen auf den Haupttext

D

E

F

Q

R

Starkoch Stefan Marquard ist bekannt für seine kreative und etwas andere Art des Kochens. In der Küche hört er am liebsten Punkrock und vertritt die These „Erlaubt ist was schmeckt - auch wenn es sich erst einmal komisch anhört". Seine unkonventionelle Weise und das unverwechselbare Outfit (Stirnband, Ziegenbart, Totenkopf-T-Shirt) sind mittlerweile zu einem Markenzeichen in der deutschen Kochszene geworden.
Dem großen Publikum wurde Stefan Marquard durch seine Auftritte im deutschen Fernsehen bekannt. So war er unter anderem im RTL 2-Format „Die Koch-Profis" zu sehen (das Kochbuch zur Sendung erschien ebenfalls bei VGS), als Gastkoch in der Sendung „Kocharena" von VOX sowie als Mitglied der Jury in der Casting-Show für Köche „Restaurant sucht Chef" (RTL 2).
Stefan Marquard (Jahrgang 1964) ist in Volkach geboren und aufgewachsen. Nach einer Metzgerlehre absolvierte er eine Ausbildung zum Koch im „Hotel Rebstock" in Würzburg. Es folgten Stationen in Häusern dem „Grauen Haus" oder den „Schweizer Stubn", die zu den besten Restaurants Deutschland zählten. Nach einem Jahr kulinarischer Reise durch Italien eröffnete er mit Adalbert Schmidt das „Taverna la vigna", das sich nach kürzester Zeit zum besten italienischen Restaurant im deutschsprachigen Raum entwickelte. 1991 eröffnete er sein erstes eigenes Restaurant - das „Drei Stuben" in Meersburg.
Die kreative und schräge Küche brachte Stefan Marquard außer begeisterten Gästen und Kritikern unter anderem einen Michelin-Stern und 18 Punkte im Gault Millau. Die letzte „feste" Station in Stefans Kochleben war Deutschlands größtes Restaurant, das „Lenbach" in München. Seine Homebase ist Tutzing am Starnberger See, wo er seit 2003 mit seinem langjährigen Freund und Partner Wolfgang Weigler „Stefan Marquards Eventcatering" betreibt. Mit Übernahme der Gastronomie des Golfclub Olching e. V. im Münchner Westen im Frühjahr 2010 schlagen die beiden ein weiteres Kapitel ihrer erfolgreichen Zusammenarbeit auf. Und zusammen mit seinem Team, der „Jolly-Roger-Cooking-Gang", verköstigt und beeindruckt Marquard mittlerweile ganz Europa mit seiner experimentellen Küche. Immer getreu dem Motto: **Cooking is like punkrock!**

www.stefanmarquard.de